Miroslav Nemec / Miroslav Jugoslav

Miroslav Nemec
Miroslav Jugoslav

1. Auflage 2012
© by Gerhard Hess Verlag,
88427 Bad Schussenried
Gesamtherstellung: Gerhard Hess Verlag
www.gerhard-hess-verlag.de

Bildnachweise:
Privat, Wilhelm Pabst
Regine Körner (2)
Wilfried Hösl (2)
Eva Titus, Junker
Bundesregierung / Christian Stütterheim
Bundesregierung / –, Gerd Tratz
Foto Pohlmann, BR-Pressestelle (3)
dpa
Bei eventuellen Ansprüchen wenden Sie sich bitte an den Verlag

ISBN 978-3-87336-405-9

Miroslav Nemec

Miroslav Jugoslav

Gerhard Hess Verlag

Für meine Tochter Nina

„Eigentlich bin ich ganz anders,
nur komme ich so selten dazu!"

nach Ödön von Horváth

Vorwort

Die ganze Geschichte mit diesem Buch fing so an: Unser Postbote brachte mir ein Päckchen. Der Absender war ein Verlag, der Inhalt ein Interview-Buch mit Sir Peter Ustinov, mit einer Anfrage, ob ich Interesse hätte, auch so ein Buch zu produzieren. Die Vorgangsweise sollte so sein: Man trifft sich zwei oder drei Tage mit einem Mitarbeiter des Verlages, bekommt von ihm Fragen gestellt, die man möglichst interessant und umfangreich beantwortet und die gleichzeitig von einem Aufnahmegerät mitgeschnitten werden. Dann bringt jemand das Gesprochene zu Papier, ich prüfe und korrigiere den Text – und fertig ist das Buch. Es schien mir eine willkommene Möglichkeit zu plaudern und über Dinge nachzudenken, die ich als Erinnerung schriftlich bewahren könnte. Und so sagte ich zu. Nachdem die erste Fassung vorlag, wollte der Verlag jedoch aus verkaufstechnischen Gründen die Fragen in dem Text weglassen und somit ergab sich natürlich eine völlig neue Ausgangssituation, die dann doch eine Menge mehr Zeit als zwei oder drei Tage erforderte, um das Ganze überhaupt in eine lesbare Form zu bringen.

Während ich meine Interview-Antworten bearbeitet habe, fiel mir auf, dass mein Leben in besonderer Weise durch Sprüche und Witze beeinflusst wurde. Deswegen tauchen sie in meinen Geschichten immer wieder auf – auch der Satz von Ödön von Horváth unter der Widmung für meine Tochter gehört dazu.

Meine Familie, unsere Freunde und Bekannten in Kroatien waren ein nie versiegender Quell solcher Geschichten, Sprüche und Weisheiten. Unser Leben im Sozialismus in Jugoslawien wurde durch die vielen politischen Witze aufgelockert, die unter vorgehaltener Hand erzählt wurden.

In meinem späteren Leben kam noch die Literatur dazu, und natürlich das Theater mit seinen Anekdoten, den derben und den poetischen Schnurren. Ich muss sagen, ich bin bis heute empfänglich für gute Aphorismen, knappe präzise Lebensweisheiten sowie Sprüche. Es macht mir Freude, wenn jemand eine Begebenheit verbal auf den Punkt bringt – oder auch, wenn es knapp daneben geht. Wenn zum Bespiel ein Theaterpförtner in Wien beiläufig wichtig tut: „Meine Frau liegt im Krankenhaus, ich besuch sie, stell' ihr ein paar Gladiatoren in die Vase, freut' sie sich." Großartig! Gerne zitiere ich auch frei nach Bertolt Brecht: „Ich traue ihm nicht. Wir sind befreundet." Und mich begeistert, wie Ödön von Horváth sein Theaterstück „Geschichten aus dem Wienerwald" beginnt: „Nichts gibt so sehr das Gefühl der Unendlichkeit als wie die Dummheit."

Die besten Sprüche meiner Kindheit stammen von meiner Ziehmutter „Baba", von der ich in diesem Buch noch mehr erzählen werde. „Tu nicht so bescheiden, so groß bist du nicht!", sagte sie zum Beispiel oder wenn ich versuchte etwas zu erreichen, was meine Mittel überforderte und nicht erfolgversprechend schien: „Weißt Du, Miro: Wenn die Ziege einen langen Schwanz hätte, würde sie alle Fliegen verjagen!", und bei familiären Unzulänglichkeiten bemerkte sie im Küstendialekt „Ki je munjen, taj je nas: Wer verrückt ist, gehört zu uns!"

November 2011

Miroslav Nemec

8

1

Meine frühe Kindheit

Ich wurde am 26. Juni 1954 als Miroslav Strkanec in Zagreb geboren. Mein Vater wollte mich so schnell wie möglich sehen. Selbst dabei zu sein bei der Geburt war zu dieser Zeit noch nicht üblich. Er hatte sich von seiner Schwägerin, meiner Tante Mila, die als Krankenschwester in der Kinderklinik arbeitete, einen weißen Arztkittel besorgt und sich in die Frauenabteilung eingeschlichen. So hat er es mir jedenfalls später erzählt. In der Woche meiner Geburt kamen zunächst nur Mädchen zur Welt – und dann ich! Mit 4,7 kg ein schwerer Junge sozusagen. Und Papa war stolz und glücklich.

Meine Eltern waren sich zunächst nicht einig, wie ich heißen sollte. Mama wollte einen kleinen Robert, Papa einen Branko. So hieß mein Cousin väterlicherseits. Also einigten sich die beiden auf einen Kompromiss: Miroslav. Das bedeutet: „den Frieden feiern". „Mir" ist „der Friede" und „slaviti" heißt „feiern". Papa hatte sich aber trotzdem ausbedungen, dass der Name „Branko" noch mit dran müsste. Und Mama, die mich unter schwersten Umständen am Tag der Heiligen Peter und Paul gebar – es gab an diesem Tag, wie sie mir später erzählte, ein dramatisches Gewitter mit Blitz und Donner, was für sie ein traumatisches Kindheitserlebnis war (Sie hatte gesehen und miterlebt, wie ein Blitz durch unser ganzes Haus in Punat auf der Insel Krk fuhr), hatte deswegen in den Wehen das Gelübde abgelegt, mir die Namen eben dieser Heiligen mitzugeben, falls alles gut ging. So trug ich dann die Namen Miroslav Branko Petar Pavao Strkanec. Die ganze Geschichte begann also im Gegensatz zu unserer materiellen Situation, zumindest was die Namen anging, sehr verschwenderisch.

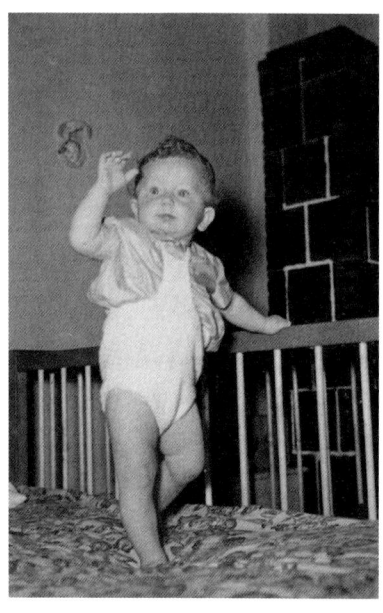

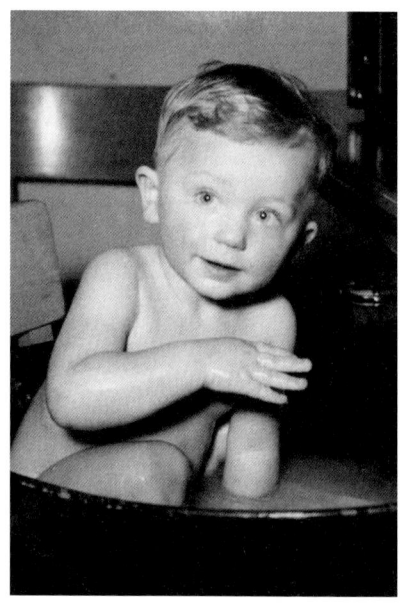

Mit acht Monaten
in unserer Garçonnière in Zagreb ...

... und ein paar Monate später
in Niederbayern

Ich blieb Einzelkind. Aufgewachsen in ärmlichen Verhältnissen. Doch zu jener Zeit und noch Jahre später war das eher der Normalzustand. Die meisten meiner Freunde kamen aus kinderreichen Familien und lebten unter weitaus ungünstigeren Bedingungen.

Wir waren alle Vegetarier, allerdings unfreiwillig. Eintöpfe waren billig, machten satt und erinnern mich noch heute an einen Berliner Spruch zu diesem Thema: „Satt kenn' ick nich', entweder ick hab' Hunger oder mir is schlecht.", das heißt, wenn's was gab, wurde richtig reingehauen.

Fleisch war sehr rar, es sei denn, wir besuchten die bäuerliche Verwandtschaft in der Umgebung von Zagreb, die Hühner hatten, Truthähne und Schweine. In der Stadt galten selbst Eier als Luxus.

Eier gab gab es auf den Bauernmärkten, groß, braun, manche mit zwei Dottern – und teuer. Die von den staatlichen Geflügelfarmen waren klein, weiß und genau so teuer, nahezu unerschwinglich.

Es gab zu der Zeit einen Witz, der die Lage der Bevölkerung treffend beschrieb. Ein Bankräuber hatte fünf Millionen Dinar (das war die damalige Währung) gestohlen und wurde nie gefasst. Über ihn gab es folgenden Witz:

„Haben Sie schon gehört? Die Polizei hat den Bankräuber, der die fünf Millionen geklaut hat, gefasst!"
„Nein wirklich? Wie denn?"
„Er hat auf dem Markt zehn Eier gekauft – und bar bezahlt!"

Folgender Scherz wurde gerne gemacht, wenn Gäste zum Essen kamen. Gastgeber zum Gast:
„Nehmen Sie doch, greifen Sie zu!"
Gast: „Danke, ich hatte schon drei Stück."
Gastgeber: „Sie hatten vier, aber nehmen Sie nur."

Wir bewohnten eine Garçonnière, wie man das damals nannte. In Zagreb stammen sehr viele Begriffe aus dem Französischen, wie Trottoir für Gehweg, Frigidaire für Kühlschrank oder Rechaud für Kochplatte, aber auch Worte aus dem Deutschen, bzw. Österreichischen wie „Badewanna", „Schrafziger" von Schraubenzieher „Schirajzl", also ein Schüreisen für den Ofen oder „Haustor" für Eingangstür waren gebräuchlich. Es sind Überbleibsel aus der k.u.k.-Zeit, das heißt der kaiserlich-königlichen, also österreichisch-ungarischen Donaumonarchie. Eine Garçonnière war eine Ein-Raum-Wohnung, das eigene Bad nicht selbstverständlich. Es gab damals viele Wohnungen, die im Treppenhaus eine „Bassena", also ein Bassin, ein Waschbecken, hatten. Daneben die Toilette. Das bedeutete ein gemeinsames Klo und eine Handwaschgelegenheit für die Bewohner der umliegenden Wohnungen auf der Etage.

Um sich ganzkörperlich zu säubern, ging man üblicherweise am Samstag in die öffentliche Waschanstalt am Kvaternikov-Platz. Man nahm Seife und ein Handtuch mit und konnte für wenig Geld duschen oder sich in die Badewanne legen, dies aber zeitlich begrenzt. Ich glaube, 15 Minuten mussten reichen. Ein Wochenendvergnügen besonderer Art.

Das Haus, in dem wir lebten, war ein vierstöckiger Wohnblock, gebaut etwa in den Dreißiger Jahren. Natürlich ohne Lift. Aber immerhin hatten wir in unserer Wohnung schon ein eigenes Bad, aber keine Küche. Daher wurde das Bad als Multifunktionsraum genutzt, denn es war für uns Küche, „Esszimmer" und Bad in einem. Auf der Badewanne lagen Bretter, auf denen die Kochtöpfe standen. Auch das Geschirr und ein Elektroteil mit zwei Kochplatten, also ein portables Rechaud. Es gab ein zweiflügeliges Fenster, darunter befand sich die Toilette. Gegenüber der Wanne stand ein schmaler Esstisch mit drei Stühlen. Ich kann mich noch gut erinnern, dass ich auf dem Klo saß, während mein Vater am Tisch gegessen hat. Aus begreiflichen Gründen bestand er auf ein geöffnetes Fenster. Auch im Winter. Es war a…kalt.

Zeichnung von Susanne Schweiger

13

Im Flur befand sich die Garderobe, und im Zimmer standen ein Schrank, ein Kinderbett und zwei Klappsofas, die tagsüber als Sitzgelegenheit dienten – so hatten wir also ein Wohnzimmer. Nachts zum Schlafen wurden die Sofas aufgeklappt – fertig war das Schlafzimmer. Das Bettzeug verschwand tagsüber in die Kästen unter dem Sitzteil.

An einen Streich aus dieser Zeit – ich muss um die fünf Jahre alt gewesen sein – kann ich mich besonders gut erinnern. Ich warf eine überreife Birne auf die Straße, um einen jungen Mann, der gerade vorbei ging, zu erschrecken (oder ihn zu treffen?). Dabei war ich offenbar so unvorsichtig, dass mein Zielobjekt sofort erkannte, aus welchem offenen Fenster das Geschoss kam. Ich konnte mich gar nicht so schnell wegducken, wie die Birne zurückkam und an der weißen Zimmerwand explodierte. Es sah schrecklich aus. Da ich aber mit meinem vier Jahre älteren Cousin Branko allein daheim war, haben wir meinen Eltern nie verraten, dass ich der eigentliche Urheber dieses Übels war. Dieses „Fresko" verzierte lange unsere Wohnschlafzimmerwand, im Lauf der Zeit blasser werdend, bis zu unserem Umzug in ein neues Zuhause, anlässlich meiner Einschulung in die zweite Klasse.

Das war ein ehemaliges kleines Försterhäuschen im Schatten eines großen Wohnblocks. Die Wohnblockwohnungen hatten Balkone, von denen die Kinder ihre selbst gebastelten Papier-Flieger lossegeln ließen – das konnte ich nicht – ich habe sie darum beneidet. Unser neues Domizil war immerhin schon eine Eineinhalb-Zimmer-Wohnung mit Küche, separatem Bad (was für ein Fortschritt!) und einem kleinen, verwilderten Hinterhofgarten. Dort hatte Herr Schantek seine Tischlerei. Auf den Holzstapeln turnten meine Freunde und ich natürlich in jeder freien Minute herum und wurden verständlicherweise verscheucht, da er Angst hatte, die Balken könnten auf uns drauf fallen. Im Souterrain des Vorderhauses gab es auch Interessantes: den Schneider, Herrn Vazdar. Ihm schaute ich unglaublich gerne bei der Arbeit zu, wie er mit Kreide die Schnitte auf die Stoffe zeichnete und dann mit einer großen Spezialschere zuschnitt.

Die Scheren und Messer, auch die meiner Mutter, wurden übrigens von Zigeunern geschliffen, die von Haus zu Haus zogen und auch Löcher in Kochtöpfen flickten. Damals sagte man noch nicht Sinti und Roma. Am Ausdruck Zigeuner hat sich zu dieser Zeit keiner gestört. Meist lebten die Roma, sie bekamen später von Tito in den 70ern einen Sonderstatus zuerkannt, im Winter in Monte Negro und Makedonien, also in den wärmeren Gebieten und im Sommer kamen sie dann auch zu uns in die nördlichen Regionen. Die Männer handelten entweder mit Pferden oder waren eben Kesselflicker und Scherenschleifer. Ihre Frauen haben aus der Hand, aus Karten oder dem Kaffeesatz die Zukunft gelesen.

Doch zurück zu unserem Nachbarn Herrn Vazdar, dem Schneider. Voller Hochachtung begleitete ich jeden Tag den Fortschritt von Herrn Vazdars Aufträgen, was ihm sichtlich Freude bereitete. Eines Tages präsentierte er mir voller Stolz den fertigen Anzug mit Weste auf der Nähmaschine unterm Fenster.

Der Duft der Textilien in der Schneiderwerkstatt, dazu von Harz, Holz und Sägespänen aus der nahen Tischlerei – das sind Gerüche, die bis heute angenehme Erinnerungen in mir auslösen.

1970 habe ich viel gezeichnet,
unter anderem unser altes Hexenhäuschen hinter dem Wohnblock

2

Mein Vater

Mein Vater Milan Strkanec war „Revisor", also Buchprüfer, in einer Bank.

Vom Sozialismus und vom jugoslawischen Selbstverwaltungsmodell war meine Familie damals, als der Staat in unseren Augen noch funktionierte, überzeugt. Es gab bis auf die kleinen Handwerksbetriebe, wie in unserem Haus, nur staatliche Firmen.

Papa hatte zu entscheiden, welche staatliche Firma kreditwürdig war und welche nicht. Er hatte seinen Arbeitsplatz im Großraumbüro eines dieser wunderbaren historischen Gebäude Zagrebs, an denen der Zahn der Zeit allerdings schon genagt hatte.

Das Stadtbild von Zagreb ist sehr habsburgisch geprägt – bis 1919 gehörte Kroatien ja zur Donaumonarchie. Die meisten Gebäude stammen aus der k.u.k.-Zeit, die herrliche Oper zum Beispiel. Auch die stattlichen Bürgerhäuser mit ihren prächtigen Fassaden. Diese palastähnlichen Gebäude entwarfen übrigens dieselben Architekten, die sich in Wien, Graz und anderen österreichisch-ungarischen Städten mit ihren Werken verewigt hatten.

In einem dieser Gebäude arbeitete mein Vater also als einziger Mann unter rund 20 Genossinnen, die ohne Ausnahme ständig rauchten und Kaffee tranken. Die Chefin der Bank war auch eine Frau. Papa rauchte nicht, trank nur Tee, und zwar ohne seine Arbeit zu unterbrechen. Wenn ich ihn besuchte, fragte ich regelmäßig:

„Warum bist du der Einzige hier, der arbeitet?"

Vielleicht kam ich ja zufällig immer nur in den Pausenzeiten, aber ich glaube eher nicht.

Mein Vater war allerdings auch nicht sonderlich motiviert. Er liebte seinen Beruf nicht. Dennoch war er sehr gewissenhaft – es bedeutete ihm viel, keine Fehler zu machen.

Im Dezember kam für die Kinder der Angestellten „Opa Frost", also die sozialistische Version des Heiligen Nikolaus, in die Bank und legte Geschenke unter den Tannenbaum, dessen Spitze ein roter, fünfzackiger Stern zierte.

So einer fand sich später auf meiner blauen Faltkappe, nachdem ich den Pionier-Eid auf Marschall Tito geleistet hatte, da war ich zehn. Für mich war diese Zeit außerordentlich aufregend.

Man war bei Sportfesten und Paraden dabei, bewunderte den Marschall in seinen perfekt sitzenden Uniformen und ließ sich von den großen kollektiven Gefühlen, die dabei bewusst erzeugt wurden, begeistern.

Aber ich wollte ja von meinem Vater erzählen. Das bisschen, was Vater verdiente, reichte hinten und vorne nicht. Er musste sich ständig um Zusatzeinkommen bemühen. So verkaufte er unter anderem Eintrittskarten für die Fußballspiele von „Dinamo Zagreb" und nahm mich mit. Leider musste er gleich nach Spielbeginn abrechnen, sodass wir erst die zweite Halbzeit sehen konnten. Jedenfalls versäumte ich nie den Spielausgang. Im „Lunapark" – einer Art Vergnügungspark

– arbeitete er auch stundenweise abends an der Kasse. Da durfte ich dann ab und zu umsonst Auto-Scooter fahren.

Ich glaube, meine spätere Vorliebe für große Autos beginnt mit diesen beengten Fahrerlebnissen.

Die Arbeitszeiten in der Bank begannen, wie in vielen andere Firmen zu der Zeit, morgens um sechs, und endeten nachmittags um 14.30 Uhr. Nach Dienstschluss fuhr er mit der Straßenbahn nach Hause. Er konnte sich sein Leben lang weder ein Fahrrad, noch ein Motorrad, geschweige denn ein Auto leisten. Deswegen hat er natürlich auch nie einen Führerschein gemacht. Für die Straßenbahn allerdings besaß er eine für Bankbeamte vergünstigte Jahreskarte. Und das erfüllte ihn mit Stolz. Später, als ich schon in Deutschland lebte, und nur in den Ferien zu Besuch kam, schenkte er mir genau so eine Straßenbahnjahreskarte als Liebesbeweis.

Um 14.30 Uhr, also nach Dienstschluss, waren die Straßenbahnen überfüllt. Davon zeugen diese beiden Geschichten:

Ein Zigeuner fährt in der überfüllten Straßenbahn und lässt ordentlich einen fahren. Dann wendet er sich an die Dame hinter sich und sagt:
„Machen Sie sich nix draus, hätt' mir auch passieren können!"

In der anderen Geschichte steigt eine ältere Dame in die völlig überfüllte Straßenbahn. Es schaukelt und wankt, und sie beklagt sich:
„Hier kann man sich ja nirgends festhalten."
Worauf ein junger Mann erwidert: „Sie können sich ja an meinem Ding festhalten."
Ihre geistesgegenwärtige Antwort: „Wenn er Ihnen vier Stationen lang steht, junger Mann, sehr gern!"

Wenn mein Vater von der Arbeit nach Hause kam, aßen wir gemeinsam zu Mittag. Der Vorteil dieser frühen Stunde war, dass ich wirklich etwas von ihm hatte und das gemeinsame Familienleben ab 16 Uhr funktionieren konnte.

Papa war übrigens ein begeisterter Bergwanderer. Sofort nach dem Essen ging's los. Oft waren auch meine beiden Cousins oder die Nachbarkinder mit von der Partie – und dann ging's auf den rund 1300 Meter hohen Zagreber Hausberg, „Sljeme", zu dessen Füßen die Stadt liegt und dessen Ausläufer im Norden ein liebliches Hügelland bilden. „Wir nehmen den ‚Zipelzug'", sagte Vater. „Zipela" heißt Schuh und der Zug wie im Deutschen eben Zug. Also „Schuhzug". Das hieß: Alles per pedes, keine Straßenbahn und schon gar kein Maulen, von wegen „Papa, wir können nicht mehr". Egal, ob Sommer oder Winter, bei jedem Wetter. Wenn wir manchmal meuterten, hieß sein Schlachtruf:
„Wir schaffen das schon, wie die Partisanen im Wald!"
Das hat uns dann doch wieder angespornt.

Immer dabei hatte er einen 1,5 Liter-Lederbeutel mit einem Schraubverschluss aus Horn. Das Geschenk eines italienischen Freundes aus Zadar. Der Beutel war mit Wein gefüllt. Auf der Hälfte des Rückweges hatte er die Hälfte des Inhalts intus. Da kam natürlich richtig Stimmung auf. Er schnitt die abenteuerlichsten Grimassen, ließ die Brille auf der Nase herunterrutschen, erzählte pausenlos Witze und wollte, dass wir ihn beim Laufen einholen. Im Winter schlitterten wir auf dem Hosenboden – er natürlich auch – zwischen den Bäumen die Hänge herunter. Es war so ein Spaß, dass wir völlig vergaßen, wie müde wir waren. Als Belohnung, vielleicht auch als Folge von Papas Schwips, durften wir dann das letzte

Stück mit der Straßenbahn nach Hause fahren – und Vater leerte den Rest seines Weinbeutels.

Zu Hause angekommen, machte er erst mal ein kurzes Nickerchen, bevor es Abendessen gab. Und verständlicherweise verließ er dann – egal ob Gäste da waren oder nicht – die Runde um halb zehn, um für den nächsten Morgen um fünf Uhr wieder fit zu sein.

Hervorragend war er als Schachspieler, so wie die meisten Männer in unserer Familie. Ich selbst habe schon mit fünf Jahren angefangen, Schach zu lernen. Oft spielte man so genannte „Fresspartien", bei denen man versuchen musste, gegnerische Figuren möglichst schnell vom Feld zu schlagen. Meine Gegner waren gnadenlos. Nie ließen sie mich absichtlich gewinnen. Auch nicht, wenn die Frauen ihnen zuflüsterten: „Also jetzt gebt doch mal dem armen Jungen eine Chance." Die einhellige Antwort: „Nein, wozu? Er muss auch das Verlieren lernen!"

Und mein Onkel Milan dozierte: „Die Sportler haben alles trainiert, nur nicht die Niederlage."

Er war Schachturnierspieler, von Beruf Ingenieur und Landvermesser, kam aus Novi Sad in der Vojvodina, war rechtgläubig, also orthodox. Ich erinnere mich, dass wir für ihn ein zusätzliches Weihnachtsfest ausrichteten, welches nach orthodoxem Ritus am 6. Januar begangen wird. Allerdings dann ohne Geschenke. Dafür gab es aber einen von ihm zubereiteten „Karpfen blau" und er spielte Hawaii-Gitarre dazu, so was wie „Aloha he", nicht sehr weihnachtlich traditionell, aber dafür umso mehr von sich selbst und seiner Musik begeistert.

Was handwerkliche Dinge anging, war mein Vater nicht sehr begabt. Er wäre nie auf die Idee gekommen, auch nur eine Glühbirne auszuwechseln. Viel mehr inszenierte er sich als Koordinator, stellte sich vor die anderen und gab entsprechende Anweisungen. Manchmal bat ich ihn:

„Papa, mach du das doch mal."

„Ja, wieso denn? Ihr seid doch genug Leute, ich pass nur auf, dass alles richtig läuft. Außerdem: Eure Diener sind ausgestorben. Und so würde auch ich sterben."

Zum einen hatte er keine Lust, zum anderen zwei linke Hände.

Das Hochzeitsfoto meiner Eltern, 1946

Links: Mein Cousin Branko mit meiner Mama
Rechts: Papas Schwester Stefica mit mir, in der Mitte mein Vater Milan

Mit Mama im Park   Mit Papa auf dem Land

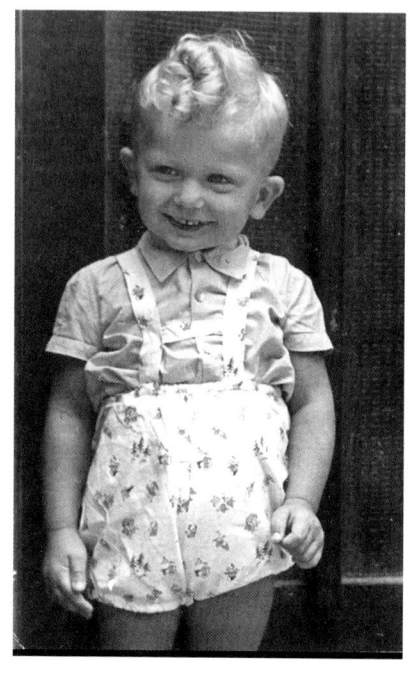

Vor unserer Garçonnière

Mein Cousin Branko, Papa und
ich bei Verwandten auf dem Land
östlich von Zagreb

3

Meine Mutter

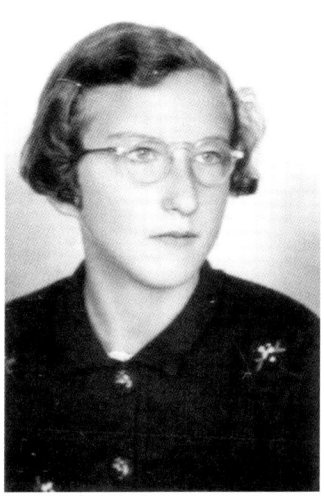

1942 in Bautzen (Sachsen)

Meine Mutter Nikoslava (Nina) Strkanec, geb. Franolic, stammte von der Insel Krk aus dem kleinen Dorf Punat, das in einer großen, geschützten Bucht liegt. Krk ist die größte Insel an der kroatischen Küste. Gegenüber von Punat, auf dem Inselchen Košljun, befindet sich auf dem Friedhof des dortigen Franziskanerklosters unser Familiengrab, das Franolic-Grab. Mein Urgroßvater Anton hatte die erste Badeanstalt in Punat gegründet, und unsere Familie betrieb auch das Postamt. Dort hat die Mutter meiner Mutter, Marija, viele Jahre ihren Dienst versehen. Es wurde glaubhaft erzählt, dass sie mit dem Hintern morsen und telegraphieren konnte. Und zwar, indem sie mit dem Hinterteil auf dem Tisch saß und

25

dabei die Morsetaste bewegte. Ich habe sie leider nie kennen gelernt – sie starb sehr früh, da war meine Mutter gerade drei Jahre alt. Marija bekam eine Lungenentzündung – und es gab damals noch kein Penicillin.

Vinka, die Schwester meiner Großmutter Marija hatte ihr am Sterbebett versprochen, sich um ihre drei Töchter zu kümmern. So wurden meine Mutter und ihre beiden älteren Schwestern Mila und Nevenka von ihrer Tante erzogen. Sie war für mich wie eine echte Großmutter, die diese Rolle perfekt erfüllte. „Oma" heißt auf kroatisch „Baka". Da ich als kleiner Junge dieses Wort aber noch nicht richtig aussprechen konnte, nannte ich sie „Baba". Und das blieb, auch als ich älter wurde, meine Ansprache für sie.

Mila, die älteste der drei Mädchen, wurde später Krankenschwester und arbeitete in einer Kinderklinik. Nevenka, die mittlere, war infolge einer Meningitis, einer Hirnhautentzündung, seit ihrer frühen Kindheit behindert. Sie stotterte und konnte keine Schule besuchen, lebte aber immer liebevoll angenommen im Kreis unserer Familie.

Baba Vinka war mit Fritz Nemec verheiratet, dessen Mutter wiederum aus Wien stammte. Schon von klein auf bekam ich so bei den Verwandten-Besuchen in Wienerneustadt und Mödling den Wiener Dialekt ins Ohr. Das „Küss die Hand" natürlich fast gesungen, „Wie geht es dem Göttergatten, Frau Ingenieur?" Oder der Onkel antwortete im Lokal auf die Frage der Kellnerin „Was trinken's denn?" mit „Gnä' Frau, für Sie trink' i ois (alles)." Zu seiner Redeweise gehörte selbstverständlich auch das „rasend gemütlich", was ja schon ein Widerspruch in sich ist, oder „Essen is' mei' Leibspeis."Sehr befremdlich fand ich als Kind die österreichische Vorliebe für

Titel. Fritz Nemec war Ingenieur, deshalb war Baba Vinka selbstverständlich die „Frau Ingenieur".

Gut in Erinnerung ist mir ein Witz zu diesem Thema geblieben: Was ist die erstrebenswerteste Karriere für einen Wiener? Wiener Sängerknabe werden, dann Kommerzienrat, dann Lipizzaner in der Wiener Hofreitschule.

Der Dichter Ernst Jandl sagt über seine Heimatstadt Wien: „Je müder ich bin, desto lieber bin ich in Wien." Und Mut zur Selbstkritik zeigt der Spruch: „Der Wiener! In Schleim gemeißelt!"

In den vierziger Jahren und während des Krieges hatten die Baba, der Fritz und meine Mutter in Deutschland gelebt und zwar im sächsischen Bautzen, wo mein Onkel als Ingenieur arbeitete. Meine Mutter besuchte dort die Schule und sprach recht gut Deutsch. Natürlich dieses etwas gebrochene Slawendeutsch mit dem vorderen rollenden „r", den überbetonten Endungen und grammatikalisch nicht ganz perfekt. Als sie mich Jahre später in Köln besuchte, waren wir bei Bekannten von mir eingeladen. Die hatten zwei Kanarienvögel und eine Katze. Die Katze schlich immer um den Käfig herum. „Miro schau, die Katze liebt Vögeln", sagte Mama in die Runde. Ich habe ihr dann erklärt, was sie gerade gesagt hat – wir haben uns kaputt gelacht.

Meine Mutter war sehr musikalisch, konnte Akkordeon spielen und hatte Tanz gelernt. Ballerina zu werden, war ihr Traum. Doch in Bautzen standen Steno und Schreibmaschine auf dem Programm. Sie wurde Sekretärin. Nach meiner Geburt war sie sich nicht zu schade, putzen zu gehen. Auch als Schneiderin hat sie gearbeitet. Sie war ein sehr weicher, warmherziger Mensch, unglaublich selbstlos und hilfsbereit.

27

Mama liebte Kinder und hätte am liebsten ein Dutzend gehabt. Aber sie war sehr zart, sehr schmal gebaut, so dass ihr der Arzt nach meiner – für meine Mutter sehr schweren – Geburt unmissverständlich bedeutete, sie würde eine weitere nicht überleben. Also haben die Eltern auf weiteren Nachwuchs verzichtet.

Ich kam allerdings auch erst nach acht Jahren Wartezeit. Das führte, bis es soweit war, immer wieder zu Spannungen innerhalb der Familie. Der väterliche Zweig lästerte: „Die Frau kann ja keine Kinder kriegen", der mütterliche: „Der Mann ist doch impotent, der kriegt keinen hoch, die sollen sich nicht so aufführen." Besonders deutlich wurde eine nahe Verwandte: „Einen rostigen Schwanz stört jedes Haar an der Möse." Sie gebrauchte ein noch viel obszöneres Wort, aber das ist hier wirklich das Maximum an Druckfähigem.

Meine Mutter hatte eine sehr konsequente Art, mich zu erziehen. Ich war etwa zehn Jahre alt, kam völlig verdreckt vom Spielen heim, die Hose total zerschlissen. Mama: „Schnell, du musst dich umziehen, wir gehen in die Oper!" Sie hatte zwei Karten für „Madame Butterfly" geschenkt bekommen, von einer allein lebenden Freundin als Dankeschön für ihre Näharbeiten. Für uns wäre die Oper damals unerschwinglich gewesen. Es war also etwas ganz Besonderes. Ich: „Nein, ich will mich nicht umziehen!" „Gut", hat sie gesagt, „dann komm." Dreckig wie ich war, hat sie mich mitgeschleppt. Die Leute reagierten erstaunt und zogen die Augenbrauen hoch – ich sah ja wirklich saumäßig aus. Oh, war das unangenehm. Ich habe mich in Grund und Boden geschämt. Aber Mama hat das gnadenlos durchgezogen. Es war eben ihre Methode – und die hat in Folge auch funktioniert.

Wir bekamen noch einmal Karten für die Oper geschenkt und zwar für die gleiche „Madame Butterfly". Und wieder gings daneben. Ich war diesmal sauber und im ererbten Anzug meines um vier Jahre älteren Cousins Branko angetreten. Aber Mama und ich hatten eine Dame vor uns, die einen winzigen Hut mit einer großen, kessen Feder trug, den sie während der Vorstellung nicht absetzte. Sie bewegte ihren Kopf von links nach rechts im Rhythmus der Musik und die Feder fing an zu dirigieren, die Tempi und Einsätze zu geben. Wir konnten uns überhaupt nicht mehr auf die Oper konzentrieren, die Feder wurde lebendig wie in einem Zeichentrickfilm. Wir bekamen einen unbezähmbaren Lachanfall und wurden von vorne und hinten ärgerlichst ermahnt – man sei hier nicht auf dem Markt. Schließlich hielten wir nur bis zur Pause durch und verließen den Musentempel, immer noch völlig überdreht. Ich will damit nur beschreiben, wie solidarisch wir uns fühlten. Sie war eine gute Freundin.

Die Frauen in meiner Familie haben alle viel und gern gelacht. Wenn Baba, Mama und die Tanten zusammensaßen, erzählten sie sich immer irgendwelche Geschichten. Da gab ein Wort das andere und jede setzte auf die Geschichte der anderen noch eine drauf. Und plötzlich brüllten alle vor Lachen, bis die Tränen liefen. Manchmal hatte man das Gefühl, dass sie ersticken.

Ein echtes Highlight war, wenn Mama auf den Tisch stieg, um uns einen Bauchtanz vorzuführen. „Ich kann mich auch ohne Alkohol amüsieren", pflegte sie dann zu sagen, während Papa schon angeheitert am Tisch saß und sang. Er vertrug nichts. Von Natur aus ein Scherzkeks, wurde er zum Clown. Nicht nur einmal sprach er nach solchen Festen auf der Heimfahrt völlig Unbekannte in der Straßenbahn an. „Wissen Sie, was ich früher von Beruf war?" Leicht irritiertes Verneinen. „Ich war Messerwerfer im Zirkus. Halten Sie die Hand mit gespreizten Fingern an die Scheibe da. Ja, so, ..." – er holte sein kleines Wandertaschenmesser aus der Jacke und wollte es ihnen vor machen. Die armen Menschen waren natürlich völlig verstört. Meine Mutter wäre am liebsten ob dieser Peinlichkeit im Boden versunken. „Hör auf Milan, oder ich steige aus!" Darauf Papa: „Warte bis zu unserer Station, dann komme ich mit."

Man trank damals kein Bier, sondern Wein. Weiß oder rot, im Sommer mit Wasser verlängert. Das war nichts für meinen Vater. Sein Kommentar: „Wasser ist nicht mal im Schuh gut." Er hatte außerhalb von Zagreb Verwandte, die einen sauren Fusel herstellten, in Plastikflaschen abgefüllt. Nicht sehr stilvoll, aber preiswert. Mama machte sich nichts aus Alkohol, dafür rauchte sie wie ein Schlot.

Jeden Morgen gab es das gleiche Ritual: In ihrem Morgenmantel mit dem großen Blumenmuster setzte sie den türkischen Kaffee auf. Für eine Person braucht man dazu 200 ml Wasser, 2 Teelöffel Zucker, 1 Teelöffel gemahlenen Kaffee und eine Dzezva. Das ist ein Kännchen, das unten rund ist und sich nach oben verjüngt. Es ist entweder aus Kupfer oder – wie unsere – aus rot und blau emailliertem Metall. Zunächst wird in der Dzezva das Wasser mit dem Zucker aufgekocht, von der Herdplatte genommen und das Kaffeepulver untergerührt. Dann kommt der Kaffee wieder auf die heiße Platte und wird langsam aufgekocht. Kurz vor dem Überkochen, das war der Moment, in dem Mama immer konzentriert am Herd stand, kommt er auf den Tisch.

Die rohen, grünen Kaffeebohnen wurden in der Pfanne zweimal, also doppelt geröstet, damit sie den bitteren Geschmack verloren und dann besonders fein gemahlen. Dafür gab es die bosnischen Kaffemühlen. Meine steht bis heute in meiner Küche. Ich habe sie allerdings zu einer Pfeffermühle umfunktioniert. Das Mahlwerk tut seit 50 Jahren seinen Dienst. Ist der Kaffee fertig, muss er vorsichtig in die Mokkatassen gegossen werden, damit der Kaffeesatz nicht zu sehr aufgewühlt wird und man ihn schneller trinken kann. Auch das gehörte zum allmorgendlichen Ritual meiner Mutter. Bis der frische Kaffee fertig war, rauchte sie und trank den kalten vom Vorabend.

Am Vormittag, so gegen neun Uhr, kamen zwei, drei ihrer Freundinnen, meist Zdenka, Zora und Darinka, nachdem sie auf dem Markt eingekauft hatten, zum zweiten gemeinsamen „türkischen" Kaffee. Danach gingen sie nach Hause, um zu kochen. Zum Kaffee wurde natürlich geraucht. Ich genoss diese unterschiedlichen Gerüche – diese Mischung aus geröstetem und gemahlenem Kaffee und Zigarettenrauch – sie lösen heute noch Wohlbehagen in mir aus.

Wenn die kleinen Moccatassen geleert waren, blieb der Kaffeesatz übrig, und meine Mutter fing an, aus jeder Tasse die Zukunft herauszulesen. Sie begann beim Lippenstiftabdruck am Tassenrand (rote Lippen waren ein Muss) und dann weiter gegen den Uhrzeigersinn. Die Ornamente, die sie aus dem Kaffeesatz herauslas, hatten alle ihre spezielle Bedeutung. Wenn z.B. ein Muster einer Taube ähnelte, verhieß das eine Nachricht, einen Brief, also eine ziemlich naheliegende Symbolik. Mama hatte das als Mädchen von einer Zigeunerin gelernt. Danach durfte sich jede Freundin etwas wünschen, ohne es natürlich zu verraten. Sie drückten den Daumen der rechten Hand in den Satz ihrer Tasse, leckten ihn dann ab, und Mama überprüfte noch einmal, wie es um die Erfüllung des Gewünschten stand. Ich liebte diese geheimnisvollen Zeremonien, saß gerne daneben, hörte aufmerksam zu und versuchte in den Tassen meine eigenen Phantasiefiguren zu entwickeln.

Marija und Anton,
meine Großeltern mütterlicherseits, 1911

4

Meine Tanten Mila und Nevenka

Tante Nevenka erkrankte, wie gesagt, als kleines Kind an einer Hirnhautentzündung und war deshalb ein wenig behindert, aber kein Pflegefall. Sie stotterte und sprach sehr langsam. Die Volksschule in Punat konnte sie nicht besuchen. Weil es damals noch keine Sonderschulen gab, wurde sie zuhause unterrichtet, so weit es möglich war. So lernte Nevenka zumindest ein wenig lesen und schreiben.

Als sie älter wurde, ging sie sehr in die Breite – sie aß nämlich für ihr Leben gern. Am liebsten hatte sie einen mit Essen hoch aufgetürmten Teller vor sich, da sie dann beruhigt sein konnte, nicht zu verhungern. Das war eine ihrer größten Sorgen. Sie aß auch langsam und behutsam, mit großem Genuss. Dabei brach sie häufig in Tränen aus, weil sie für ihre Begriffe zu wenig auf dem Teller hatte.

Nevenka weinte auch sofort, wenn man sie einen Hauch schärfer ansprach. Sie hatte ein riesengroßes Herz für die ganze Familie, in der sie ebenso liebevoll aufgenommen war. In meiner Erinnerung sitzt sie häufig mit offenem Mund auf dem Sofa und sabbert dabei ein bisschen. Das war ihr allerdings bewusst, denn sie hielt immer ein Taschentuch in der Hand, um sich den Mund abzuwischen. Sie war fleißig und hat sehr auf Sauberkeit geachtet. Im Ruhrpott hätte man gesagt: „Sie hatte Salmiak im Blut".

In der Zeit, in der Mila als Krankenschwester in der Kinderklinik in Zagreb arbeitete, hatte Nevenka ein zweites Zuhause in Hrvatski Ljeskovac, einem Kloster in der Nähe von Zagreb. 1968, als Mila mit Rückenproblemen und Osteoporose in Rente ging, zogen die Schwestern gemeinsam in der verblichenen mondänen Adria-Stadt Opatija in ein 48 qm kleines Häuschen, mit einem großen Garten, das Fritz und Vinka gekauft hatten. Ab diesem Zeitpunkt verbrachte die ganze Familie jedes Jahr die Sommerferien in diesem Zwei-Zimmer-Haus. Papa schlief auf der Klappcouch in der Küche.

Meine Tanten Nevenka und Mila in den 60er Jahren

Nevenka wusch ständig von Hand ihre riesengroßen Unterhosen und hängte sie triefend auf die Terrasse, egal ob Gäste da waren oder nicht. Da wir oft Besuch von Freunden hatten, einige Sommer vermieteten die beiden das vordere Zimmer sogar an deutsche Urlauber, war das ziemlich hinderlich. Ich habe dann versucht, Nevenka zu überreden, die Unterhosen von der Leine zu nehmen, oder übernahm es selbst, die monströsen Dinger im Garten aufzuhängen. Das erforderte diplomatisches Geschick.

Neben den riesengroßen Unterhosen hatte Nevenka auch zwei Zwerghühner, ein weißes und ein schwarzes. Die legten ganz kleine Eier, und die hat mir die Tante als Liebesbeweis manchmal geschenkt. Hinter dem Haus gab es einen Hühnerstall. Der wurde später zu meinem Schlafraum ausgebaut. Wenn ich morgens in meinem T-Shirt und in der Unterhose in der Küche auftauchte, hat mich Tante Nevenka besonders gerne in den Hintern gezwickt und aus vollem Hals gelacht. „Mirek, Mirek", hat sie dann gegluckst. Und Tante Mila war etwas erbost und rügte ihre Schwester. „Nevenka, du kannst den Jungen nicht so in den Arsch zwicken." Worauf Nevenka ganz unschuldig antwortete: „Wieso, ich tu' ihm doch nichts!"

Nevenka trank für ihr Leben gerne Kaffee, durfte das aber wegen ihres Krankheitsbildes nicht. Sie litt nämlich an Diabetes und trank den schwarzen Kaffee immer mit sehr viel Zucker. „Da steht ja der Löffel drin", frotzelten wir, „Hast du wieder deine Duda?". „Duda" ist ein Babyfläschchen.

Wenn Gäste kamen, probierte Nevenka immer wieder hintenrum, an das begehrte Getränk zu kommen. Ein Schluck wäre ja nicht schlimm gewesen, aber bei Nevenka machte es immer die Menge. So auch beim Kuchenbacken. Wenn sie hörte, dass Besuch im Anmarsch war, machte sie sich unverzüglich ans Werk, um Süßes in überdimensionalen Mengen zu produzieren. Es gelang uns fast nie, sie davon abzuhalten, obwohl Mama und Mila meist auch schon gebacken hatten. Ich denke, hier ging es um Lob und Anerkennung, die sich Nevenka für sich wünschte – und um kleine Rivalitäten zwischen den Schwestern, denn das Kochen war eigentlich die Domäne meiner Mutter.

Nevenka ging sehr gerne in die Kirche. So war sie es vom Kloster her gewohnt und glücklich dabei. Nichts sehnlicher wünschte sie sich, als einmal eine Wallfahrt nach Lourdes zu machen. Mila ermöglichte ihr diesen Traum mit einer erschwinglichen Gruppenreise im Bus. Sie kam voller Eindrücke und begeistert von ihrer ersten und letzten großen Reise zurück, verteilte ganz stolz Andachtsbildchen und geweihte Devotionalien, die sie für Mila und die Familie mitgebracht hatte und immer, wenn jemand zu Besuch kam, musste er sich Nevenkas begeistert gestotterte Reiseerzählung anhören. Wir versuchten dann unverschämterweise, die Geschichten etwas zu beschleunigen.

Jahre später gab es in Rijeka eine filmreife Situation. Ich war gerade mit meinem Kollegen Udo Wachtveitl zu Besuch und wir begleiteten Nevenka zur Messe. Vor der Kirche riss das Gummiband ihrer Unterhose, das gute Stück fiel runter wie ein Sack, Nevenka wurde rot – und Udo breitete geistesgegenwärtig seinen Mantel vor ihr aus, wie einen Paravent, bis sie das Malheur im Griff hatte. Seit der Zeit war er für sie der perfekte Kavalier. Nevenka sprach ein paar Worte deutsch, und so sagte sie immer, wenn über ihn gesprochen wurde: „Udo, Kavalier!".

Sie mogelte sogar mit den Messezeiten der Kirche, um ins Kaffeehaus zu entwischen. Nevenka bekam eine kleine Rente, die sie für kleine Fluchten in die Kaffeehäuser der Stadt Opatija benutzte. Dort fanden wir sie eines Tages vor Bergen von Kuchen, viel Kaffee – und Pantoffeln statt Schuhen an den Füßen. Denn einen solch strategischen Plan auszuhecken und dabei noch an Schuhe zu denken, das schaffte sie einfach nicht. Es entbehrte nicht einer gewissen Situationskomik, die uns unsere Nevenka nur noch liebenswerter machte.

Meine Tante Mila hieß eigentlich Ljudmila. Sie war sehr selbstlos, altruistisch, aber nicht naiv. Als Krankenschwester hatte sie ein scharfes Urteilsvermögen und war diagnostisch begabt und verblüffte damit so manchen Facharzt. Als ich 1990 nach strapaziösen Dreharbeiten in Hamburg in die Sommerferien nach Opatija kam, fühlte ich mich ziemlich schlapp und erholungsbedürftig. Tante Mila sah mich skeptisch an, sagte, das sieht nicht nach Erschöpfung aus, untersuchte meinen Rachen und meine Augen, fühlte mit ihren knochigen Fingern hinter meinen Ohren, tastete meine Kopfhaut ab und sagte: „Das sind die Windpocken". „Was, eine Kinderkrankheit? Ich bin 36!". Das wollte ich nicht glauben. Am nächsten Tag brach die Krankheit aus, ich musste zum Arzt und er stellte fest, dass ich Windpocken hatte. Ich lag eine Woche lang mit über 40 Grad Fieber in meinem umgebauten Hühnerstall hinterm Haus krank im Bett.

Mila selbst litt an Osteoporose. Ihre Wirbelsäule krümmte sich über die Jahre immer mehr, bis sie einen Buckel hatte. Eines Tages meldete sich ein Freund aus jungen Jahren bei ihr und wollte sich mit ihr treffen. Wir alle haben gesehen, wie in Mila die Hoffnung auf ein wenig persönliches Glück keimte. Schließlich hatte sie sich all die Jahre für ihre Schwester Nevenka aufgeopfert und sich selbst vernachlässigt. Vor dem Treffen hat sich Mila richtig herausgeputzt. Sie sah natürlich lange nicht mehr so hübsch aus wie auf den Fotos von früher, aber sie wirkte euphorisch und glücklich. Das Rendezvous mit dem alten Bekannten dauerte leider nicht sehr lange. Offensichtlich hatte sich der Mann etwas anderes vorgestellt.

Von diesem Tag an war Mila eine gebrochene Frau. Sie fing an zu trinken. In der Speisekammer stand immer eine Flasche Brandy, an der hat sie sich dann bedient. Und wenn sie einen ordentlichen Schwips hatte, wurde sie auch Nevenka gegenüber deutlicher, wenn ihr etwas nicht passte. Sie beschimpfte sie unflätig und wurde ausfallend. Der Spruch „Das ist nicht in den Arsch und nicht daneben!" war einer der harmloseren Grobheiten. So hatte Nevenka ihre Schwester nie kennengelernt, sie war äußerst verzweifelt und vertraute sich meiner Mutter und mir an.

Wir versuchten Mila gut zuzureden und ihr klarzumachen, dass der Alkohol nicht die Lösung des Problems ist. Daraufhin hat sie es tatsächlich geschafft, ihren Brandykonsum wieder einzuschränken. Die Enttäuschung blieb.

5

Das tägliche Leben

Trotz zusätzlicher Jobs meines Vaters war das Geld ständig knapp. Zu Beginn eines Monats, wenn Papa seinen Lohn bekommen hatte, setzten sich meine Eltern zusammen, um zu rechnen. Zuerst wurden die Fixkosten für Miete, Strom, Kredite und so weiter abgezweigt. Der Rest des Geldes wurde auf die Anzahl der Monatstage verteilt, wobei der Februar außerhalb eines Schaltjahrs mit seinen 28 Tagen der absolute Favorit war. Für die Sonntage wurde ein bisschen mehr Geld eingeplant.

Mama hatte 31 blaue Kuverts, die aus so schlechtem Papier waren, dass man die Holzfasern sehen und sich daran sogar verletzten konnte. Weiße Umschläge gab es nicht. In diese Kuverts steckte sie das Geld für die einzelnen Tage des Monats. Dann wurden die Kuverts in der Kredenz – wie man auf gut österreichisch den Küchenschrank nannte – deponiert. Jeden Morgen nahm Mama den entsprechenden Umschlag heraus und ging damit zum Markt. Doch ab dem 20. musste sie oft umschichten – und manchmal war in den letzten Umschlägen nichts mehr drin. Aber wie heißt es so schön bei Karl Valentin: „Zwei Mark im ganzen Jahr? Aber davon kann man doch nicht leben!" „Ja leben schon, aber wie! ... Da heißt's einteilen."

Und so hat es auch meine Mutter gemacht. Fleisch gab es höchstens am Sonntag, und auch dann nur das billigste. Meistens waren es Kutteln, das ist Rindermagen, in Tomaten-

Knoblauchsauce. Entsprechend zubereitet, esse ich Kutteln heute noch gerne. Später, als ich schon im Theaterengagement war und Geld verdiente, erschien es mir immer wieder wie ein kleines Wunder, dass ich mir einfach ein Stück Fleisch kaufen konnte, und zwar genau dann, wenn ich Lust darauf hatte.

Im Zagreber Haushalt gab es selbstgepresstes Olivenöl von der Verwandtschaft an der Küste – es war ein Geschenk, also das günstigste, das wir bekommen konnten. Dann wurde alles, aber auch alles in diesem Olivenöl gebraten. Auch das ohnehin so rare Spiegelei. Ich konnte es lange nicht mehr riechen.

Richtige Butter habe ich zum ersten Mal in dem Kloster gegessen, in dem Tante Nevenka zeitweise lebte. Dort verbrachte ich einige Tage meiner Sommerferien. Die Nonnen hatten Kühe und ein Teil der Milch wurde im Holzbottich zu Butter gestampft. Ich durfte mithelfen und bekam dafür ein Stück geschenkt. Dieser Luxus wurde zu Hause geradezu zelebriert und mit größtem Bedacht genossen.

Tante Nevenka lebte zeitweise bei Nonnen
in einem Kloster unweit von Zagreb

Solche Spar-Gefühle fasste der Volksmund in Geschichten wie diese:

Als der Onkel zu Besuch kommt, und die Mutter fragt: „Onkel, was kann ich dir zu essen machen?"

Onkel: "Wenn ihr ein Ei hättet?"

Mutter: „Ja klar".

Worauf der Sohn bettelt: „Mama, ich möchte auch ein Ei!"

Mutter: „Der Onkel ist doch kein Schwein und isst das ganze Ei alleine auf!"

Diese Ironie kann man heute nur noch schwer vermitteln. Eine Anekdote der Marx Brothers, die im Kino „Partisan" zu meinen Lieblingen gehörten und meinen Sinn für Komik entscheidend mitgeprägt haben, will ich deswegen hier erwähnen: Groucho wird gefragt: „Ging es bei Ihnen zuhause auch so lustig zu wie in ihren Filmen?" Groucho: „Ja, sicher. Manchmal kam mein Bruder Harpo hereingelaufen und rief: ‚Papa, Papa, draußen ist die Müllabfuhr!' Worauf mein Vater sagte: ‚Geh' raus und sage ihnen, wir brauchen heute nichts."

Da im Sozialismus Weihnachten nicht offiziell gefeiert wurde, erhielt mein Vater stattdessen zu Silvester von den Firmen, die er betreute, kleine Präsente. Zum Beispiel eine Ananas, ein Stück Speck oder eine Salami. Da sich zu dieser Zeit kaum jemand einen Kühlschrank leisten konnte – wir natürlich auch nicht – wurden die Lebensmittel im Winter zwischen die Doppelfenster der Wohnung gelegt, damit sie länger frisch blieben.

Diese Naturalien waren das einzige Privileg, das mein Vater in seinem Beruf hatte – entsprechend ehrfürchtig gingen wir mit ihnen um. So sparsam, dass manche schon verdorben waren, wenn wir sie essen wollten. Bei uns gab es die für den Balkan so typische Mischung aus der k.u.k.-Küche, der italienischen, ungarischen und der osmanischen. Meine Mutter, die geniale Süßspeisenspezialistin, hatte ein unglaubliches Repertoire. Als es uns ein bisschen besser ging, verwöhnte sie uns mit Cremeschnitten, Schneenockerl, Doboschtorte, Marillen-, Zwetschgenknödel und Apfelstrudel. Bei Baba und Mama habe ich kochen gelernt – freiwillig, es hat mich einfach interessiert und ich habe sehr gerne gegessen. Wie heißt es bei Loriot: Ich persönlich esse täglich.

Durch den jahrelangen Zwang zum Sparen entwickelte meine Mutter eine eigene, etwas verzweifelte Haltung zu diesem Thema. Wenn wir mal – was selten genug vorkam – in einem Lokal zum Essen eingeladen waren und etwas übrig blieb, sagte sie zum Kellner: „Bitte packen Sie es ein. Es ist für uns, wir haben keinen Hund."

Unvergesslich bleibt, wie Mama den Strudelteig auf einem mehlbestäubten, weißen Bettlacken, das über den Küchentisch gelegt wurde, auswalkte und ihn nach allen Regeln der Kunst hauchdünn auszog. Wehe, es schlich sich ein Riss ein. Dann verließen wir schleunigst die Küche – darüber konnte sie sich fürchterlich aufregen.

Es gab einen weiteren Spruch, den sie gerne mit einem gewissen Spott zitierte. Er bezog sich auf das Brot der Zagreber Bäckerei, das oft hart und ungenießbar war und auf das Sprichwort: „Wer dich mit Steinen bewirft, dem vergelte es mit Brot." In Zagreb hieß das: „Wer dich mit Steinen bewirft, dem vergelte es mit dem Brot der Zagreber Bäckerei!", weil es so steinhart war, dass man einen damit erschlagen konnte.

Unser Wohnblock lag inmitten eines großen Trümmerfeldes, denn auch zu Beginn der 60er Jahre konnte man die Schäden des Zweiten Weltkrieges noch sehen. Die Folge: Es gab wahnsinnig viele Ratten. Saß man auf dem Klo, hörte man die Biester in allen Ecken nagen. Man stampfte mit dem Fuß – und weg waren sie. Aber nur kurz. Nicht nur für Kinder eine ziemlich gruselige Geschichte. Mein Cousin Branko erzählte von einem Vorfall, bei dem ein Mann ins Krankenhaus eingeliefert wurde, weil ihn eine Ratte, als er auf dem Klo saß, in den Hintern gebissen hatte.

Ich glaube es war 1964, als Zagreb von einem schrecklichen Hochwasser heimgesucht wurde. Die Kanalisation floss über, Heerscharen von Ratten – riesige Exemplare – machten uns das Leben schwer. Man versuchte mittels Gift, dem E 605, der Plage Herr zu werden, doch meistens krepierten daran nur Hunde, Katzen und Tauben. Ratten schienen gegen das Gift immun zu sein. Für uns Kinder aber barg das eine neue Spielmöglichkeit: Rattenjagd.

Mein Freund, der Nachbarsjunge Dusko und ich, er war zwei Jahre älter und handwerklich sehr versiert, bastelten uns Pfeil und Bogen. Als Pfeil diente ein dünner, gerader Ast, den wir am Ende in Kreuzform aufschlitzten. Dann klopften wir rostige Nägel gerade, die Hinterhöfe waren voll davon, legten sie auf die Straßenbahnschienen und warteten, bis sie platt gefahren waren. Dieser Nagel wurde dann zugespitzt und konnte in dem Ästchen versenkt und mit Schnur befestigt werden. Das andere Ende versahen wir mit einer Hühner- oder Taubenfeder – sodass der Pfeil später zielgerichtet fliegen konnte. Für den Bogen suchten wir einen dickeren Ast, schabten mit Mutters Messer die Rinde ab, schälten den Ast oben und unten so weit aus, das nur noch der Handgriff in der Mitte übrig blieb, und bogen ihn dann, über ein Feuer haltend, dass wir hinter unserem Haus angezündet hatten, bis er die gewünschte Form annahm. Dann spannten wir zwischen dem oberen und unteren Ende des Bogens eine Schnur. Fertig. Wir platzten vor Stolz auf unser Werk – und auf gings zur Jagd.

Das böse Ende sollte bald kommen: Ich infizierte mich durch die Ratten mit einem unglaublich schmerzhaften Herpes-Virus. Mein ganzer Mund- und Rachenraum war voller Bläschen, die ständig aufplatzten. Deshalb konnte ich nur noch mit einem Strohhalm ernährt werden. Das Penicillin, das mir der Arzt verordnete, half natürlich nicht gegen eine Virusinfektion.

Mein Zustand blieb lange kritisch. Ich hatte eine Woche lang 41 Grad Fieber. Wie durch einen Nebel nahm ich wahr, dass sich meine Familie und Freunde besorgt über mich beugten, während ich mich auf sonderbare Weise völlig ruhig und angstfrei fühlte. Ich hatte eher das Gefühl, als würde das alles gar nicht mir passieren, als würde ich den Kranken nur spielen. Dabei war ich, wie man mir später erzählte, mit meinen gerade mal zehn Jahren dem Tod verdammt nahe. An dieser Infektion hätte ich ersticken oder sogar verhungern können. Erst ein weiterer Arzt konnte mir helfen. Er gab meiner Mutter eine „tintura violetta", also eine dunkelviolette Tinktur mit Kaliumpermanganat, mit der sie mehrmals am Tag meinen Mund und Rachen einstreichen sollte. Von da an begannen die Bläschen langsam abzuheilen.

An diese Situation erinnerte ich mich komischerweise Jahre später an der Schauspielakademie in Zürich, als man eigene Erlebnisse szenisch umsetzen sollte.

Mein Cousin Branko und ich (Mitte) zu Besuch bei meinem Cousin Zlatko

Branko und ich
im Zagreber Hinterhof

Mein Freund Dusko, mit dem ich auf Rattenjagd ging, 1965

6

Ferien in Punat

Punat war mein drittes Zuhause, denn die Sommerferien, die in Jugoslawien zweieinhalb Monate dauerten, verbrachten wir größtenteils bei der Familie auf der Insel Krk. Ab und zu fuhren wir mit einem Verwandten, einem Fischer, der ein kleines Boot besaß, nachts hinaus aufs Meer. Am Heck war eine große Lampe montiert, deren Licht die Fische ins Netz lockte. Wenn der Fang gut lief, blieben wir bis zum Morgengrauen draußen auf dem Wasser, aber bis dahin schlief ich meist schon selig, eingelullt vom Geschaukel der Wellen und dem Geflüster der Erwachsenen.

Erstaunlich fand ich, dass die meisten Fischer nicht schwimmen konnten und natürlich auch nie zum Baden gingen. Touristen, die sich tagsüber in die Sonne legten, fanden sie völlig unbegreiflich. Wenn sie zu Hause ihr blaues Unterhemd auszogen, sahen sie aus wie angepinselt. Braune Arme, Hals und Gesicht, ansonsten völlig weiß wie ein gerupftes Hühnchen. Ihr Seemann-Motto lautete: „Hvali more, drz se kraja – lobe das Meer und halte dich am Ufer."

In Punat hatte ich 13 Cousins zweiten und dritten Grades und jede Menge Freunde. Eine ideale Bande, um alles anzustellen, was verboten oder gerade noch erlaubt war. Aber es gab auch Zauberhaftes am Rande. So war ich an einem heißen Augustnachmittag, als alle Siesta hielten, in einem zerfallenen Steinhaus, das als Stall diente und beobachtete, wie eine Katze ihre Jungen bekam. Dieses Bild ist mir bis heute im Gedächtnis.

Als ich 13 war, ich lebte bereits in Bayern und verbrachte die Sommerferien mit meinen Eltern auf der Insel, habe ich die Leute in Punat für ein bisschen naiv gehalten, aus einer unberechtigten, jugendlichen Arroganz heraus. Als mich einer meiner Onkel fragte. „Miro, wie ist es in Deutschland, wo warst du denn schon überall?", habe ich zuerst wahrheitsgetreu aufgezählt: „Am Bodensee, in Hamburg, aber auch in Österreich, der Schweiz und auch in Holland", wo mich Fritz zu seinen Arbeitsterminen mitgenommen hatte. Das entsprach noch alles der Wahrheit. Doch dann fing ich an zu übertreiben. Es ging mit mir durch, ich habe irgendwelche Reisen erfunden. Der Onkel schien aber ganz begeistert zu sein. Dann musste ich auf das stille Örtchen. Die alten Häuser am Meer waren so gebaut, dass sich im Hochparterre eine kleine Terrasse befand, auf der man üblicherweise zusammen saß. Auf diese Terrasse ging auch das Toilettenfenster. Man konnte also hören, was auf der Terrasse gesprochen wird. So bekam ich mit, wie mein Onkel zu meiner Mutter sagte: „Was der Miro für eine blühende Phantasie hat, das ist ja ganz ungewöhnlich." Ich wäre vor Scham am liebsten in der Kloschüssel versunken.

Deutsch sprach ich zu der Zeit schon ganz gut und so nahmen mich meine älteren Cousins und deren Freunde gerne zum allabendlichen Corso mit, um junge deutsche Touristinnen auszuhorchen. Unser Trick: Ich ging in die Nähe der Mädchengruppe, die Jungs versuchten unterdessen, aus entsprechender Entfernung auf sich aufmerksam zu machen. Ich hörte genau zu, was und über wen die Mädels sprachen. Natürlich war ich unauffällig wie ein Geheimagent und geriet nie in Verdacht, ich könnte verstehen, was die jungen Damen sagen. Danach musste ich übersetzen und kam schon manchmal ins Schleudern, weil ich bestimme Worte oder Redewendungen aus der Erwachsenensprache noch nicht kannte – ob es nicht ganz stubenrein war?

Ich ließ also meine Phantasie walten. Jedenfalls wussten die Jungs danach, wer bei welcher die meisten Chancen zum Anbandeln hatte oder eben auch nicht. Für meine anstrengende und höchst diskrete Spionage- und Dolmetschertätigkeit bekam ich als Honorar ein großes Eis und eine „KOKTA" (ein furchtbar süßes Cola-Imitat). Außerdem fühlte ich mich ziemlich erwachsen und bereits in die Gesetze und Geheimnisse des später zu erwartenden Liebeslebens eingeweiht.

Tante Mila vor den Umkleidekabinen in Punat

Die Badeanstalt wurde von meinem
Urgroßvater Anton gegründet

Meine Cousine in Punat

Mein Cousin Ive muss mich (ganz vorne auf dem Esel)
und einige Gäste aus Österreich durchs Dorf führen

Mama und ich in Punat mit einem Plastikschiff,
das mir Baba und Fritz zuvor geschenkt hatten

Die ganze Familie in der Küche in Punat.
Mein ältester Cousin hält mich auf seinen Knien

7

Meine zweite Heimat

Mamas Tante, meine Baba Vinka, und ihr zweiter Mann Fritz
Nemec lebten nach dem Krieg in Niederbayern. Dort hatte
mein „Ota", das Wort ist eine Mischung aus Opa und Tata
(was auf kroatisch Papa heißt), so nannte ich ihn, eine Firma aufgebaut, in der Modelleisenbahnen, Schienen, Weichen
und Signale aus Messing und Neusilberprofilen produziert
wurden.

Baba Vinka und Fritz um 1930

Vinka hatte zwei Kinder verloren, einen Jungen und ein Mädchen, die kurz nach der Geburt gestorben waren. Sie hatte mit
17 geheiratet. Einen Seemann. Er war Proviantmeister und

auf allen Meeren unterwegs, während sie in Punat saß und wartete. Von seinen Reisen brachte er Geschenke mit, von denen ich auch einige geerbt habe: Eine „Coco de Mer" (der Same einer Seychellenpalme), die aussieht wie ein schwarzer, polierter Hintern, einen Armreif und eine Kette aus Indien mit Elefantenmotiven, handgeschnitzt aus Elfenbein.

Als Baba zwanzig war, wurde ihr Mann sehr krank – sie hat ihn bis zu seinem Tod gepflegt. Ich habe immer den Verdacht geäußert, dass dieser Anton sich auf seinen Reisen die Syphilis geholt hatte, aber dieses Thema war tabu.

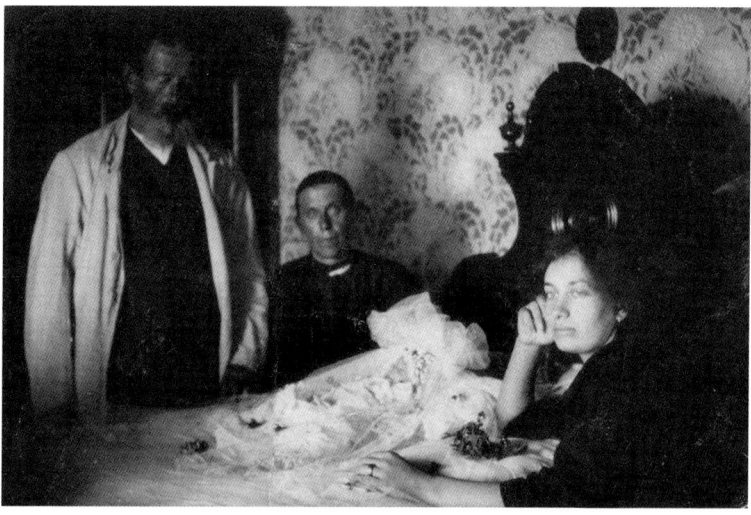

Dieses Foto rührt mich bis heute seltsam an, denn ich verstehe nicht, warum sie sich mit ihrem toten Kind (Baba rechts im Vordergrund mit ihren Eltern) fotografieren ließ. Vor allem war es ein aufwendiger, sehr bewusster Vorgang. Man musste damals einen Fotografen ins Haus kommen lassen. Leider habe ich es versäumt, sie danach zu fragen

Als sie mit Mitte Dreißig Fritz Nemec heiratete, der acht Jahre jünger war als sie, kam das einem Skandal gleich. Es gab Gerüchte, dass er sich von seiner ersten Frau die Syphilis geholt hatte und deswegen zeugungsunfähig geworden war. Ironie des Schicksals, aber für meine Baba eine große Enttäuschung, weil sie doch noch gerne ein eigenes Kind gehabt hätte.

Da Baba Vinka schon meine Mutter erzogen hatte, fühlten sich Fritz und sie auch in besonderer Weise für mich verantwortlich. Schon von klein auf war ich regelmäßig bei ihnen zu Besuch. Zunächst lebten sie im niederbayerischen Marklkofen bei Frontenhausen. Gleich neben der Wohnung von Vinka und Fritz gab es eine Schreinerei. Der Tischler und dessen Frau, Herr und Frau Meier, waren zu ihrem Leidwesen auch kinderlos und schlossen mich von Anfang an in ihr Herz. In ihrem großen Obstgarten, direkt an der Vils, habe ich als Kind mit Hingabe gespielt und gebadet.

35 Jahre später klingelt an einem Sonntag bei mir das Telefon. Meine damalige Berliner Freundin hebt ab und sagt: „Is für dich, ick verstehe nüscht."

Ich sage: „Hallo, wer ist denn da?"
Dann die Stimme: „Jo, wer wird'n scho dro sei, do ist der Schreiner Meier aus Marklkofen!" Nach 35 Jahren: „Wer wird'n scho dro sei!"
„Ja Miro, jetzt hom ma dich in der Zeitung g'sehen, jetzt hom ma gmoant, jetzt ruaf man mal an, den kloanen Miro. Ja wia geht's da denn?"
„Gut, und wie geht's earna, Herr Meier?"
„Gar net guat, und die Frau is bettlägrig, und die Schreinerei ham ma auch aufgeb'n", sagte er zu meinem Erstaunen fast fröhlich.

Ich nahm mir fest vor, die beiden zu besuchen. Als ich mich eines Sonntags endlich entschlossen hatte, nach Niederbayern zu fahren, um zu sehen, wie es um sie steht, waren zu meiner Überraschung seit jenem Telefonat fast zehn Jahre vergangen. Da ich vor verschlossener Tür stand, klingelte ich bei den Nachbarn, die mir berichteten, dass beide kurz nacheinander verstorben waren. Natürlich habe ich es sehr bedauert, nicht früher gekommen zu sein.

Niederbayern, 1955

Zu Besuch bei Schreiner Meier
und seiner Frau, ca. 1958

1957 zogen Vinka und Fritz nach Freilassing in Oberbayern an die deutsch-österreichische Grenze, ein paar Kilometer von Salzburg entfernt. Es gab dort günstiges Bauland für Vertriebene aus den ehemals deutschen Ostgebieten. Deswegen hieß die Straße, in der sie ihr Haus bauten, Gablonzer Straße und ein Platz ums Eck hieß Sudetenplatz.

56

Ab da reisten meine Mutter und ich ein paar Mal im Jahr zu ihnen.

1959 besuchte ich sogar ein halbes Jahr den selbstverständlich katholischen Kindergarten, wo Schwester Caritas durch Zufall entdeckte, dass ich musikalisch bin. Dort gab es ein kleines, elektrisch betriebenes Tasteninstrument, auf dem spielte sie uns Melodien vor, die wir nachsingen sollten. Als sie nach einer Pause wieder ins Zimmer kam, saß ich an diesem Gerät und spielte die Melodien auswendig nach. „Der Miro ist begabt", sagte sie zu Baba, „er sollte unbedingt ein Instrument lernen."

Schwester Caritas im Kindergarten Freilassing
Ich stehe hinten links mit angewinkeltem Bein

Also ging Baba mit mir zur bekanntesten Klavierlehrerin in Freilassing, sie hieß Frau Dollinger und sie sagte nur: „Mit fünf ist der viel zu klein, das mache ich nicht." Dann ließ sie sich von Baba zu einem Test mit Vorsingen und Gehörübungen überreden – und schließlich überzeugen: „Na gut, ich nehme ihn doch. Machen wir eine Ausnahme."

So bekam ich im Winter 1959 meinen ersten Klavierunterricht. Frau Dollinger war die Witwe eines Försters, über den sie mir vor und nach dem Klavierunterricht viele Geschichten erzählte. Das Forsthaus stellte ich mir immer so vor wie unser kleines Haus in Zagreb, nur ohne die Wohnblöcke drumherum. Und sie hatte passenderweise einen Rauhaardackel. Der hieß „Strolchie", saß während des Unterrichts unter dem Flügel und jaulte ab und zu mit. Wenn es geregnet hatte und der Hund vor meiner Klavierstunde mit Frau Dollinger „Gassi" war, konnte man ihn nur schwer „überriechen" unter dem Flügel. Da konnte es dann schon sein, dass meine Konzentration beim Spiel etwas darunter litt ...

Meine Klavierlehrerin Frau Dollinger,
Anfang der 60er

8

Die erste Schulzeit

Meine erste Volksschulklasse durfte ich in Freilassing absolvieren. Im zweiten Halbjahr kam ein Schulinspektor, um zu beurteilen, wie unser Lehrer Huber seine Klasse im Griff hat und ob man ihn zum Oberlehrer befördern könnte. Der Inspektor saß also still und leise mit im Unterricht, um den Kandidaten zu beobachten. Da kletterte der kleine Miro auf den Tisch und krähte in die Klasse: „Schaut mal, da draußen auf dem Baum ist ein Eichhörnchen!" In diesem Moment bin ich vor lauter Aufregung ausgerutscht und vom Tisch gefallen. Ergebnis: Der Herr Lehrer Huber wurde nicht Oberlehrer. Das gab ziemlichen Ärger. Denn der Lehrer beschwerte sich auch bei meiner Baba, dass es dem Miroslav doch erheblich an Disziplin mangele. Ich war einfach tierlieb und noch sehr verträumt, natürlich war das keine böse Absicht.

Kath. Knabenschule Freilassing

Schuljahr: 19 60 / 61   1. Schülerjahrgang

ZWISCHENZEUGNIS

für   S t r k a n e c   Miro

Allgemeine Würdigung:

Miro ist unruhig, worunter seine Aufmerksamkeit lei-
det. Er lernt leicht und strengt sich daher auch
nicht das Geringste an. Er "kann es ja schon".
Seine rege Mitarbeit im mündlichen Unterricht ist
zu loben.

Leistung:

Miro kennt bereits alle Buchstaben und liest schon
recht gut. An der einwandfreien schriftlichen Wie-
dergabe von Gesehenem und Gehörtem hindert ihn
seine Oberflächlichkeit. Seine Leistungen im Ges.-
Unt. sind noch gut.

Freilassing, den 1. Februar 1961

Schulleiter: Klassenlehrer:

Eduard Nickl   *Läuber*

Kenntnis genommen:

Freilassing/Ofb., den 8. 2. 19 61

_____
(Unterschrift des Erziehungsberechtigten)

Vordruck III f

Maiß Nr. 4087. Verlag J. Maiß, München 26, Herrnstr. 26 (VV)

60

Damals gab's auch noch den Rohrstock. Wer aus der Sicht des Lehrers nicht brav war, bekam ein paar Streiche auf die Innenfläche der Hand, und wenn etwas ganz schlimm war, auf die Außenfläche, was höllisch schmerzte. Es war auch durchaus noch üblich, zur Strafe in der Ecke des Klassenzimmers knien zu müssen.

Die zweite und dritte Klasse besuchte ich in Zagreb, die erste Hälfte der vierten in Freilassing, den Rest der vierten und die fünfte Klasse wieder in Zagreb. In die sechste Klasse kam ich dann definitiv nach Freilassing. Das lag an meinen Eltern, die sehr unterschiedliche Vorstellungen von meiner Zukunft hatten. Meine Mutter wollte mir bei den Verwandten in Bayern ein besseres Leben ermöglichen. Mein Vater fand dagegen, Zagreb sei für alle gut, also auch für mich.

Ich selbst hatte mich schnell in Deutschland eingewöhnt – und lebte gerne da. Aber Papa war nun mal dagegen – er kam mit Vinka und Fritz, die ja schon meine Mutter erzogen hatten, gar nicht klar. Er war nicht glücklich in seinem Job, verdiente zu wenig und zeigte nicht viel Initiative, seine Situation zu ändern. Diese Schwäche wurde ihm von Vinka und Fritz vorgehalten, die ihm ihren Erfolg in Deutschland, wie sie sich von Null bis zu Inhabern einer erfolgreichen Firma hochgearbeitet hatten, bei jeder Gelegenheit aufs Brot schmierten. Da kam es zwangsweise zu Konflikten innerhalb der Familie. Der arme Papa hatte wirklich keinen leichten Stand: meine Mutter mit ihren Schwestern, die natürlich zu ihr hielten und auch dafür waren, mich nach Deutschland zu geben, und Vaters Familie, die ihm mangelndes Durchsetzungsvermögen vorwarfen. Er hatte, wie man in Bayern so treffend sagt, die „Arschkarte" gezogen.

Und dann, 1963 in den Sommerferien, ich hatte gerade die dritte Klasse beendet, nach etlichen Wochen heftiger Streitereien zwischen meinen Eltern, ist meine Mutter mit mir nach Deutschland abgehauen. Sie legte meinem Vater, der schon auf dem Weg zur Arbeit war, einen Abschiedszettel auf den Küchentisch. Vor dem Wohnblock in Zagreb warteten Vinka und Fritz in ihrem Opel Rekord auf uns.

„Wohin fahren wir?“, fragte ich völlig verunsichert.

„Nach Deutschland.“

„Ja, aber was ist mit Papa? Wann kommen wir zurück?“

„Ganz bald, aber jetzt fahren wir erst einmal nach Freilassing. Es sind ja Ferien.“

Das war alles sehr dramatisch und auch nicht ungefährlich. Bis heute weiß ich nicht, wie wir es unbehelligt über die Grenzen geschafft haben. Einfach so aus einem sozialistischen Land auszureisen, war damals keine Kleinigkeit. Als wir in Bayern ankamen, stellte sich heraus, dass wir nicht zurückkehren würden. Das verstörte mich zutiefst, denn einerseits fühlte ich mich in Freilassing sehr wohl, andererseits aber hatte ich Sehnsucht nach Papa, der Familie und den Freunden in Zagreb. Das mit dem Abschiedszettel auf dem Küchentisch hat mir meine Mutter erst Wochen später erzählt, und es hat mich psychisch ziemlich aus der Bahn geworfen. Überhaupt war ich durch die veränderten Lebensumstände, die vielen Schulwechsel und den Druck, der auf meinen Eltern lag, sehr verunsichert. Auch dass ich ständig die Sprache wechseln und mir neue Freunde suchen musste, überforderte mich so sehr, dass ich anfing, mir ständig die Lippen zu lecken und mit den Augen zu zwinkern. Über ein halbes Jahr verfolgten mich diese Tics.

Eine Episode aus dieser chaotischen Zeit ist mir in deutlicher Erinnerung geblieben. Man setzte mich in einen Raum mit einem großen, abgedunkelten Fenster, aus dem man nicht hinaussehen konnte. Der Raum war voller Spielzeug und man ließ mich dort allein zurück. Natürlich ahnte ich nicht, dass mich auf der anderen Seite ein Psychologe beobachtete. Aber ich hatte ein seltsames Gefühl und fand das alles sehr befremdlich. Zuhause in Kroatien wurde mein Vater mit den Gegebenheiten nicht fertig. Monatelang hatte es vorher Streit gegeben, denn er wollte nicht, dass ich ins Ausland gehe, Deutschland war ihm fremd. Aber meine Mutter sah in Zagreb keine Zukunftschancen mehr für mich, besonders was meine Ausbildung betraf. Das war einer ihrer Gründe, 1963 in dieser Nacht- und Nebelaktion mit mir abzuhauen.

Mein Vater fing danach richtig an zu trinken, und wie wir von Mila und anderen Bekannten aus Zagreb hörten, geriet er außer Kontrolle. Deshalb haben meine Mutter, Fritz und Vinka ihm über einen befreundeten Anwalt in Zagreb das Erziehungsrecht über mich entziehen lassen. Am Ende reichte er die Scheidung ein.

Die Phasen, die er beim Trinken durchlief, kannte ich schon von den Auseinandersetzungen, die vor unserer Flucht zwischen meinen Eltern stattgefunden hatten: erst lustig, dann trübsinnig, dann voller Selbstvorwürfe, schließlich aggressiv. Diese Erfahrungen führten bei mir dazu, dass ich mir die längste Zeit aus Alkohol überhaupt nichts gemacht habe und ausgesprochen bösartig und aggressiv auf Besoffene reagierte, es schon gar nicht ertragen konnte, wenn mich ein Saufbruder anfasste.

Unterdessen hieß es in Freilassing plötzlich: „Wir gehen nach Amerika." Meine Mutter hatte einen Mann kennengelernt, der aus beruflichen Gründen in die Staaten ausreisen wollte. Doch dieser Plan zerschlug sich. Stattdessen packte meine Mutter eines Sonntags in den Winterferien 1964 die Koffer und sagte:

„Du bist doch noch nie geflogen Miro. Wir machen heute einen Ausflug. Wir fliegen nach Wien."
Das Fliegen war damals noch etwas Besonderes.
Als wir in Salzburg bereits im Flugzeug saßen, rückte sie mit der Wahrheit heraus:
„Und von Wien fliegen wir zum Papa nach Zagreb!"
Sie hatte es ohne ihren Mann nicht mehr ausgehalten!
„Ja, aber wie lange bleiben wir denn?"

„Nur zu Besuch, und nach den Ferien kannst du wieder zurück in die Schule nach Freilassing."
Doch in Zagreb angekommen, legte die Mutter die Karten auf den Tisch:
„Wir werden nicht mehr nach Deutschland zurückkehren."

Ich war so wütend, dass sie mich belogen hatte, dass ich drei Wochen kein Wort mehr mit ihr sprach. Dieser Vertrauensbruch war so gravierend, dass ich lange Zeit Probleme hatte, mich auf andere Menschen einzulassen und Vertrauen zu entwickeln. Ich ließ menschliche Nähe gar nicht mehr zu, aus Angst wieder enttäuscht zu werden.

Meine Eltern versöhnten sich, aber Vaters Verwandtschaft wollte meiner Mutter nicht verzeihen, daher wurde sie geschnitten und ausgegrenzt. Mir gegenüber waren sie äußerst reserviert. Das hat weh getan. In der Schule musste ich vor dem zweiten Halbjahr wieder Prüfungen und Tests über mich ergehen lassen und wurde in eine andere Klasse versetzt, in der ich kaum jemanden kannte. In den ersten Wochen haben mich Schüler und Lehrer als "Klassenfeind" behandelt, da ich aus dem kapitalistischen Ausland kam.

Meine Eltern waren zu dieser Zeit, im Jahre 1964, ich war zehn Jahre alt, sehr mit sich selbst beschäftigt und deswegen auch praktisch nie zuhause. Papa ging mit seinen Kumpanen saufen und Mama war mit ihren Freundinnen unterwegs. Oft genug musste ich durch das ebenerdige Fenster in unser Hexenhäuschen steigen, weil niemand da war, der mir die Türe öffnete, wenn ich aus der Schule kam. Zu der Zeit gab es einen Vor- und Nachmittagsunterricht, der eine von 8 bis 14 Uhr, der andere von 13 bis 19 Uhr abends.

Mutter hatte damals schon erste Hitzwallungen, war unausgeglichen, und leicht reizbar. Eines Abends nach der Schule, mein Vater war erstaunlicherweise schon zu Hause, teilte er mir mit, dass Mama ins Krankenhaus gebracht wurde und am nächsten Tag operiert wird. Die Gebärmutter müsste entfernt werden. „Er lügt mich an" dachte ich sofort. „Sie hat Krebs". Ich hatte furchtbare Angst, dass sie sterben könnte und bin jeden Tag nach dem Unterricht zu ihr ins Krankenhaus gelaufen, das 100 Meter von der Schule entfernt an einem der Zagreber Hügel lag. Zum Glück stabilisierte sich ihr Zustand bald. Papa hatte nicht gelogen.

Aber er hörte einfach nicht auf zu trinken. Wegen der ständigen Abwesenheit meiner Eltern vereinbarten wir, dass man mir irgendwo einen Schlüssel deponiert, damit ich nicht mehr durch das Fenster einsteigen musste. Man hängte den Schlüssel um den Hals der Madonna, also der Marienstatuette, die im Eingangsbereich über der Tür stand. Eines Tages kam es zum Konflikt, Papa kam nach Hause und fragte mich: „Wo ist dein Schlüssel? Ich brauch' ihn für den Malermeister morgen."

„Der hängt an der Madonna", antwortete ich, aber so betrunken wie er war, erinnerte er sich nicht mehr an unsere Vereinbarung und empfand meine Antwort als Blasphemie. Er zog seinen Gürtel von der Hose und verprügelte mich. Erst als meine Mutter, die am Hals der Madonna den Schlüssel gefunden hatte, eingriff, ließ er von mir ab. Ich weinte, Mutter schrie. Diesen Vorfall hat mein Vater nie verwunden. Wir haben ein paar Mal darüber gesprochen, doch er konnte es sich selbst nicht verzeihen. Es war und blieb das einzige Mal, dass er mich geschlagen hat.

Da meine Eltern ständig außer Haus waren, kam ich auf dumme Gedanken. Das halbe vierte und das ganze fünfte Schuljahr lang habe ich mich hauptsächlich auf der Straße herumgetrieben. Ich begann, mit anderen Jungs Mercedes-Sterne und andere Autoabzeichen zu klauen, um sie an ältere Jungs zu verkaufen, die mit Hehlern Geschäfte machten. Wir trugen alle „Flip-Flops". Nicht weil's chic war, sondern das billigste Schuhwerk von der staatlichen Firma „Yugoplast". Um schneller abhauen zu können und nicht erwischt zu werden, streiften wir sie beim Klauen über die Oberarme.

Als wir wieder einmal flüchten mussten, ist mir einer durch das Laufen vom Oberarm gerutscht und auf die Straße gefallen. Ihn liegen zu lassen, wäre mir niemals in den Sinn gekommen, so wertvoll waren sie für mich. Als ich ihn aufheben wollte, hatte mich prompt der Besitzer des Fahrzeuges, eines Opel Admiral, am Schlafittchen und schleppte mich aufs nächstgelegene Polizeirevier. Einer der Polizisten ging mit mir und dem Autobesitzer zu meiner Mutter. Die Arme fiel aus allen Wolken und zahlte die Strafe. Sie hat mich trotzdem nicht verhauen. Aber es war schon mehr als peinlich, weil alle Nachbarn mitbekommen haben, dass der unbotmäßige Sohn mit Autobesitzer und Polizei nach Hause gebracht wurde – Mama nahm das sehr mit.

Diese Umstände waren schrecklich für meine Eltern, rüttelten sie aber auch auf. Sie beschäftigten sich danach wieder mit mir und nicht nur mit ihren eigenen Problemen. Die Lage stabilisierte sich – mein Ausflug in die Kleinkriminalität blieb eine kurze, aber unrühmliche Episode.

Am Ende meiner fünften Klasse wurde entschieden, dass ich alleine zurück zu Fritz und Vinka nach Deutschland durfte. Meine Eltern haben zu diesem Zeitpunkt auch erneut geheiratet und die Familie versöhnte sich. Als ich ein halbes Jahr später in den Winterferien nach Hause kam, war Papa wieder fast der Alte: innig und familiär, so wie früher. Alles lief wieder in geordneten Bahnen und die Stimmung war wieder vielversprechend. Papa trank auch nicht mehr, zumindest nicht mehr so viel.

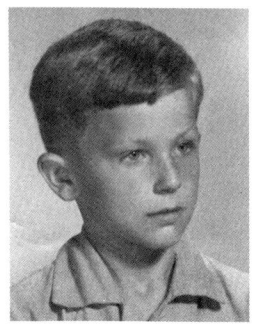 

Die Zeit der ständigen Wechsel
zwischen Zagreb und Freilassing

9

Zerrissen

Wie bereits erzählt, entschied der Familienrat im Jahr 1965, ich war elf, dass ich endgültig nach Deutschland durfte. Vinka und ihr Mann Fritz würden für meine Ausbildung aufkommen. Vater hatte schweren Herzens und zähneknirschend seine Einwilligung gegeben. Sein Verhältnis zu den Nemec' hatte sich nicht gebessert. Er weigerte sich immer, Deutsch zu lernen und reiste auch ungern nach Freilassing. Auch, weil es in dem Haus ein Rauchverbot gab, und meine Mutter mit der Zigarette vor die Tür musste – damals ein Affront. Wenn mich später die Eltern in Freilassing besuchten, herrschte immer eine etwas verkrampfte Atmosphäre. Mama versuchte, irgendwie zu vermitteln. Meistens ergebnislos. Die Spannungen legten sich erst, nachdem Fritz 1978 gestorben war. Da hatte ich schon mein erstes Theaterengagement in Köln, worauf beide „Elternpaare" stolz waren. Baba blieb nach dem Tod ihres Mannes allein im Haus, sie war 83 und fit wie ein Turnschuh. Und: Sie wurde mit zunehmendem Alter milder.

Baba und Fritz
bei einem sonntäglichen Ausflug

Zwischen mir und meinen deutschen Pflegeltern lagen zwei Generationen. Man hatte sie erzogen, Respekt und Disziplin gegenüber Vater und Mutter zu haben und immer ihre Gefühle zu beherrschen. Deswegen konnten sie mir ihre Zuneigung nur schwer zeigen. Sie waren auch strenger als meine leiblichen Eltern, die mir natürlich fehlten. In Zagreb sprachen Mama, Papa und ich ganz offen miteinander. Auch über Sexualität. So wusste ich ziemlich früh, wie das mit der Fortpflanzung funktionierte. Ein Tabu-Thema für Freilassing. Vinka und Fritz hielten alles unter dem Deckel, auch wegen der Nachbarn, sie sollten keinen Grund zum Tratschen haben.

Babas Lieblingsauto

Dazu eine kleine Episode. Als Baba fast neunzig war, fuhr ich mit ihr nach Kroatien. In meinem TVR, einem englischen Sportwagen, mit nur zwei Sitzen, und einer langen Fronthaube, vollgepackt mit Rama, Nylonstrümpfen, unhandlichen 10 kg-Waschpulverkartons, und allem, was es zwar in

Kroatien schon längst zu kaufen gab, aber aus Gewohnheit und dem fehlenden Vertrauen in die heimischen Produkte trotzdem mitgeschleppt wurde. Zufällig kam eine Nachbarin vorbei und fragte besorgt: „Ja, Frau Nemec, ist es Ihnen in dem kleinen Auto nicht zu eng und zu niedrig?" „Nein, nein", erwiderte Baba, „das ist prima, ganz prima!" Kaum war die Frau außer Sichtweite, schimpfte Baba los: „Das ist ein Scheißauto. Ein kleines Scheißauto. Viel zu eng und viel zu niedrig!" Aber nicht vor der Nachbarin. Da hätte sie sich keine Blöße gegeben. Niemals.

Natürlich musste ich als kleiner Junge und später als Teenager immer für alles dankbar sein. „Was wir nicht alles für dich getan haben", gehörte zu den täglichen Phrasen, eine Art Running Gag der unangenehmeren Sorte. Später hatte ich lange Probleme, mich von anderen beschenken oder mir helfen zu lassen, weil ich mir nicht sagen lassen wollte, was man nicht alles für mich getan hat. Der Spruch: „So lange du deine Füße unter meinen Tisch stellst ..." gehörte auch zum Repertoire. Baba pflegte sich manchmal auch drastischer auszudrücken: „Weißt Du, wenn man die Scheiße auf den Stuhl hebt, stinkt sie noch mehr."

Mein „Ota" Fritz war ein herzensguter Mensch, aber sehr introvertiert und wenig kommunikativ. „Bei euch gehts zu wie bei den Zigeunern", sagte er, wenn er uns in Zagreb besuchte. „Jeder kommt, wann er will vorbei, alle können mitessen, das ist ja furchtbar." Er war ein gradliniger Mensch, auf den man sich hundertprozentig verlassen konnte, aber eben keine Stimmungskanone.

Mit Baba dagegen lieferte ich mir Gefechte bis aufs Messer, sie war eine ungewöhnlich starke Frau und Persönlichkeit.

Eine ihrer Eigenheiten: Sie hat sich nie mit Wasser gewaschen, sondern nur mit hochprozentigem, hausgebrannten Slivovitz aus Punat. Sie hat auch nie eine Hautcreme verwendet, sondern nur den „Achtzigprozentigen".

Besonders verletzend war es, wenn Baba mir in einem heftigen Streit an den Kopf warf: „Dein Vater ist doch gar nicht dein Vater!" Natürlich wurde ich misstrauisch. Ich bin ihm ja überhaupt nicht ähnlich. Weder von der Mentalität noch der Vitalität und schon gar nicht vom Aussehen her. Ich habe mir dann vorgestellt, mein echter Vater sei vielleicht ein blonder Matrose aus Schweden. Das war eine verlockende Vorstellung, zumal die halbe Familie zur See gefahren ist. Und für mich real, weil ich auch blaue Augen habe. Auf der einen Seite kokettierte ich also damit, auf der anderen schmerzte es mich wahnsinnig. Ich brauchte sehr viel Zeit, ich war schon 18, bis ich mich traute, meine Mutter damit zu konfrontieren. „Nein, Miro, er ist dein Vater, da musst du dir überhaupt keine Gedanken machen." Ein Rest Misstrauen blieb.

Vom zwölften bis zum sechzehnten Lebensjahr, während der Pubertät, weinte ich oft nächtelang in die Kissen vor lauter Heimweh. Es war die Zeit der großen Zerrissenheit. „Nur materiell versorgt zu sein, ist einfach Scheißdreck!", fluchte ich dann, „Viel wichtiger sind echte Liebe und Zuneigung." Emotionale Geborgenheit und materielle Sicherheit waren für mich nie miteinander vereinbar. Ich habe ewig gebraucht, um zu erkennen, dass man gutes Geld verdienen und trotzdem ein warmherziger Mensch bleiben kann. In Kroatien wurde permanent über Geld geredet. Weil wir keines hatten. Das war oft unerträglich. Was wie viel kostet, was man sich nicht leisten kann, wer wo was billiger bekommen hat. Natürlich taten mir die Menschen in ihrer miserablen wirtschaftlichen Lage auch leid. Aber ich hatte mich innerlich schon früh entschlossen, alles dafür zu tun, mich aus diesen Lebensumständen zu befreien.

Deutschland war ein Schlaraffenland für mich. Ich bekam neue Klamotten, es gab alles zu essen, zum Geburtstag ein Fahrrad, im Sommer ein kleines aufblasbares Schwimmbecken und im Garten stand eine Turnstange, die man auch als Schaukel verwenden konnte. Die wurde extra für mich installiert, weil ich ein begeisterter Turner war. Und noch etwas: Ich bekam Schuhe aus Leder! Das hat mich besonders glücklich gemacht.

Ein paar Jahre später war ich mit zwei Mädchen befreundet, die zu Hause sogar einen Swimmingpool hatten. Das war der Hammer!

Ich habe mir Vorteile davon versprochen, in Deutschland zu bleiben, d.h. ich habe die wichtige emotionale Beziehung zu meinen Eltern gegen materielle Sicherheit eingetauscht. Vielleicht hatte mich der Wohlstand einfach geblendet.

Das deutsche Wirtschaftswunder

Alles, was mit Eisenbahnen zu tun hatte, war die Leidenschaft von Fritz Nemec

Früh übt sich, was ein Bayer werden will

Fritz hatte schon früh ein Auto. Und als seine Firma gut lief einen Mercedes 190. Das reichte mir nicht. „Ota, kauf' doch einen 220er SE, der mit den langen Lichtern vorne", bettelte ich, „der sieht doch viel toller aus." Aber auf diesem Ohr war Fritz völlig taub, er legte keinen Wert auf Äußerlichkeiten.

Ob ein Nachbar einen größeren Wagen hatte, war ihm völlig egal. Diese Haltung beeindruckte mich natürlich auch – und hinterließ für mein weiteres Leben Spuren für die Einschätzung von Käuflichkeit.

Mercedes 190 mit runden Lichtern

In den 60ern bestanden zwischen dem Westen und den sozialistischen Ländern gravierende Unterschiede. Was Deutschland Ende der 40er Jahre erlebte, war in Jugoslawien auch zehn Jahre später noch präsent – eine verspätete Nachkriegszeit.

Damals lebten in Freilassing nur wenig Ausländer. Ich war also ein Exot. „Miroslav Jugoslav" nannten sie mich in der Schule. „Habt ihr da, wo du herkommst, überhaupt Strom?", wurde ich auf den Arm genommen. „Nein. Wir verheizen immer unser Parkett zum Lichtmachen!", lautete meine Antwort auf die in meinen Augen unverschämte Frage. Das war um 1966, als nach und nach italienische Lokale aufmachten und immer mehr Gastarbeiter aus Jugoslawien, Spanien und Griechenland kamen.

Den Bayern standen sie in nichts nach. Es wurde diszipliniert und zuverlässig gearbeitet. Allerdings zeigten sie mehr Emotionen und waren lauter. Der bayerische Mensch verhielt sich sehr viel verhaltener, kontrollierter, als wir mit unserem südländischen Temperament.

In Freilassing gab es aber auch schon kurz nach dem Krieg viele Vertriebene und Flüchtlinge. Sie kamen aus der Batschka, dem Sudetenland, Schlesien, dem Banat oder Siebenbürgen und waren unsere Nachbarn. Das weckte fast heimische Gefühle in mir. Alle waren froh, in ein Land gekommen zu sein, in dem sie frei leben konnten. Und alle waren bienenfleißig. In kürzester Zeit hatten sie ihr eigenes Häuschen mit Garten, mit allem, was dazu gehörte: Kühlschrank, Fernseher, ein Radio, ein Fahrrad – das waren alles höchst erstrebenswerte Dinge.

Es gab natürlich den einen oder anderen Verhaltenskodex, den ich noch zu lernen hatte. In Kroatien beispielsweise fügte man, wenn man jemanden nach der Uhrzeit fragte, „Onkel" oder „Tante" hinzu – das kannte man in Bayern natürlich nicht. Ich lernte dort, artig „Grüß Gott" sagen, doch oft rutschte mir das von Zuhause vertraute „Onkel" oder „Tante" raus. Sehr zum Ärger von Fritz, der das nicht mochte: „Ihr seid doch nicht verwandt!" Dabei war es einfach nur eine Floskel, so wie man zur Lehrerin in Zagreb „Drugarica" (Genossin) sagte. „Du hast doch mit der keine Schweine gehütet, dass du Genossin sagen musst", erboste sich Fritz. Irgendwie konnte ich es ihm nie recht machen. Also entschloss ich mich noch schneller zu kapieren, was angesagt war.

Neu für mich war auch, dass man nicht unangemeldet zu Besuch kam. In Zagreb klingelte man einfach. Man freute sich, wenn unerwarteter Besuch kam. Der wurde einfach hereingebeten. Die Gäste brachten auch meist etwas mit, zum Beispiel Schokolade oder gemahlenen Kaffee, der war beliebt, nicht ganz billig und wurde von jedem getrunken. Oder man brachte etwas Obst aus seinem Garten mit oder selbstgebackenen Kuchen. So entstanden sehr gesellige Treffen, die sich durch Kartenspiel, Gesang und Alkohol durchaus bis in die Nacht hinziehen konnten. Auch die Nachbarn, die das akustisch wahrnahmen, kamen dann gerne dazu und tranken einen mit.

Trotzdem war die Rücksichtnahme, was die Lautstärke betraf, zu fortgeschrittener Stunde selbstverständlich. Wir wussten ja, dass die Nachbarn unter oder über uns in einem Zimmer schliefen und um sechs Uhr morgens aufstehen mussten. Diese Rücksichtnahme habe ich bis heute verinnerlicht und schließe deswegen in meinem eigenen Haus Fenster und Türen, wenn ich Klavier spiele.

In Bayern war es nicht selbstverständlich, zu jeder Tageszeit bei den Nachbarn zu klingeln. Kein Wunder, dass ich hier öfter in ein Fettnäpfchen getappt bin. Eines Tages klingelte ich zur Mittagszeit an der Tür eines Freundes. Er öffnete und sagte: „Entschuldige, wir sind gerade beim Essen." „Ja und?!" dachte ich, aber das hieß: „Jetzt nicht, komm später". Und er schloss die Tür. Das war sicher nicht bös gemeint, aber es irritierte mich.

Gewöhnungsbedürftig fand ich auch den in der bayerischen Provinz so stark ausgeprägten Katholizismus. Meine erste Beichte werde ich nie vergessen. Ein wahrhaft gruseliges

Erlebnis. Da ging man in einen dunklen Holzkasten. Eine männliche Stimme flüsterte mir ins Ohr: „Hast du dich unkeusch berührt?" Ich fragte mich völlig konsterniert, was das soll. Da flüsterte mir die Stimme weiter ins Ohr und fragte nach Dingen, die diesen Mann gar nichts angingen – fand ich jedenfalls. Das Ganze war sehr befremdlich und weckte meinen jugendlichen Widerstand. Einmal in der Mittelschule hat es mich buchstäblich aus der Kirchenbank gehauen. Man musste ja auf nüchternen Magen zur Kommunion gehen. Das lange Knien, die Weihrauchschwaden und der in der Pubertät abgesackte Kreislauf streckten mich hin. Und ich krachte mit dem Kopf auf den Steinboden. Das hat mich dieser Institution noch mehr entfremdet.

Ostern 1958
in Freilassing

Für Baba war der sonntägliche Kirchgang Pflicht. Ausreden zwecklos. Auch Fritz wurde mitgeschleppt, obwohl er mit Religion überhaupt nichts am Hut hatte. Ich langweilte mich entsetzlich bei den Predigten. Alles wurde so oberflächlich runtergespult. Ohne innere Anteilnahme, wie ich fand. Schade, es gab ja eine Menge guter Geschichten in der Bibel und Baba Vinka las sie mir sie mir zu Hause viel spannender vor.

Erstkommunion,
Salzburg 1963

In den Klassenzimmern hing – damals wie heute – das Kruzifix. Wenn ich wieder mal in Zagreb in die Schule ging, hing da ein Bild von Tito, dem Marschall mit der Mütze und der schönen weißen Uniform. Meine Familie in Kroatien war auch katholisch, aber nicht so streng oder marianisch wie in Polen. Wir gingen sehr unregelmäßig, aber auf alle Fälle zu Ostern und Weihnachten in die Kirche. Trotzdem gab es zwischen Partei und Kirche kein entweder oder. Meine Tante Mila hatte im Krieg Partisanen mit Medikamenten versorgt – sie bezeichnete sich selbst als „christliche Kommunistin". Als aber in Russland die berüchtigten Säuberungen durch

78

Stalin begannen, trat sie aus der kommunistischen Partei aus. Aus der Kirche jedoch nie!

Meine Tante Stefica, die Schwester meines Vaters, promovierte und habilitierte Biologin, blieb in der Partei, auch wegen der Aufstiegsmöglichkeiten an der Universität. Für sie war es gefährlicher, wenn sie in der Kirche gesehen worden wäre. Partei hin, Kirche her, Ostern und Weihnachten wurden in den Gotteshäusern groß gefeiert, und viele Ehen wurden mit dem Segen der Geistlichen geschlossen. Es ging ja schließlich um das menschliche Miteinander, das dem Christentum genauso wie der sozialistischen Idee zu Grunde liegt. Wie dieser Gedanke in der Praxis umgesetzt wurde und wird, ist eine eher fragwürdige Angelegenheit. Die meisten Menschen sind nicht dafür geschaffen, streng nach Ideologien zu leben, andererseits hätte sich die Menschheit ohne Vorschriften und Regeln vermutlich schon gegenseitig ausgerottet.

Aber noch etwas zu den materiellen Dingen. Ich habe Bauklötze gestaunt, als ich sah, was es in meiner neuen Heimat beispielsweise an fertigem Spielzeug zu kaufen gab: Legobaukästen, kleine Wiking-Autos aus Kunststoff, Bootsbausätze, Chemielabore.
In Zagreb haben wir unsere Spielsachen meist selbst gebastelt, mit wenig Mitteln, aber umso größerer Phantasie. Tischfußball war sehr beliebt. Wir organisierten ein großes Holzbrett, 80 x 40 cm, schlugen rundherum in Abständen von einem halben Zentimeter kleine Nägel ein, zogen so lange eine Schnur von Nagel zu Nagel um das ganze Feld, bis es wie beim Billard eine Bande gab. Dann kam das Tor dran. Und auf jeder Hälfte des Feldes wurden weitere elf Nägel eingeschlagen – die Spieler.

Eine kleine Kugel aus einem Kugellager diente als Ball, der mit dem Stiel eines Kaffeelöffels ins gegnerische Tor zu schießen war. In unserer Küche oder im Sommer im Hinterhof wurden regelrechte Turniere ausgetragen. Das Gejohle „Tor, Tor, Tor!" war bis auf die Straße zu hören.

Zeichnung: Susanne Schweiger

Der Lieblingssport der Kroaten war und ist der Fußball und ich war ein begeisterter Torhüter unserer Schulmannschaft. Der Ball, mit dem wir spielten, gehörte der Schule und stand uns nur zu bestimmten Zeiten zur Verfügung, da er mit anderen Mannschaften geteilt werden musste. Deswegen war es natürlich mein sehnlichster Wunsch, einen eigenen Lederfußball zu besitzen, und zwar den schwarz-weißen mit den achteckigen Flicken. Er war nicht nur unerschwinglich teuer, sondern es gab ihn auch nicht immer zu kaufen. Meine Eltern haben auf diesen Fußball gespart und als sie endlich das Geld dafür zusammen hatten, gab es genau diesen Ball nicht! Es gab nur einen größeren, braunen Korbball, mit dem man eigentlich Basketball spielt. Egal! Meine Geduld war dermaßen aufgebraucht, dass ich mich entschloss, nicht mehr auf mein Traumobjekt zu warten. Es waren sicher schon mehrere Monate vergangen und auch der Sommer neigte sich dem Ende zu. Also kauften meine Eltern diesen Monsterball, mit dem wir Kinder dann gezwungenermaßen Fußball spielten, obwohl einem dabei der Fuß beim Kicken halb abfiel, weil der Ball nicht nur groß, sondern auch schwer war. Dafür wurde ich dann von meinen Spielkameraden auch noch auf den Arm genommen: Sie behaupteten, ich hätte einfach den größten Ball von allen haben wollen.
Fand ich nicht komisch.

Und dann gab es noch ein rotes 15 Zentimeter großes Blechauto, das ich jeden Tag auf dem Schulweg in einem Schaufenster bewunderte und natürlich meine Eltern damit quälte, es mir zu kaufen. Dieser Wunsch ging jedoch nie in Erfüllung. Ersatzweise bekam ich einen Federkopfschmuck nach Art der Indianer, den ich mir alternativ gewünscht hatte.

Mit meinem Freund Duschko hatten wir vorher versucht, so etwas selbst zu basteln, aber es funktionierte nicht so richtig. Auf jeden Fall wollten wir Indianer sein, keine Cowboys. Auch später im Kino „Partisan", wo mein Vater und ich uns jeden Western ansahen, blieb mir diese unterdrückte Minderheit ein Vorbild.

Den Tretroller, den ich mir auch noch gewünscht hatte, bekam mein Cousin. Er hat ihn mir dann geliehen. Dieser Holzroller hatte Hartgummiräder, also nichts zum Aufpumpen, und er hatte eine nicht wirklich funktionierende Trittbremse. Ich sauste mit ihm einen Hügel hinunter und geriet in ein Loch im Teer. Der Lenker bohrte sich in meinen Magen, ich machte einen Satz durch die Luft und es verschlug mir regelrecht den Atem. Daraufhin habe ich gerne auf den Roller verzichtet.

Fahrräder oder Rollschuhe gabs natürlich auch nicht. Da war Kreativität gefragt. Wir nahmen ein rechteckiges Brett, unter dem vorne eine Latte mit einer großen Schraube in der Mitte als Lenker befestigt wurde. Hinten gab es zwei kleine Kugellager, vorne ein großes, mit dem man lenken konnte. Fertig war der Roller-Ersatz. Allerdings waren solche Kugellager schwer aufzutreiben, galten also als besonderer Luxus. Wir nannten diese Kreation „Draisine". Eigentlich war es eine Art Seifenkiste ohne Kiste, auf der man kniete, um zu lenken.

Zagreb ist eine Stadt mit vielen Hügeln. Auf denen veranstalteten wir im Sommer unsere Rennen. Ehrlich gesagt reparierten wir die Dinger mehr, als wir fuhren, aber das verbindet.

Der Rollerersatz
Zeichnung: Susanne Schweiger

Im Winter rutschten wir auf Mutters alten Plastikschürzen über die gefrorenen, abschüssigen Gehwege und Straßen, die nie vom Schnee geräumt waren und auf denen der Schnee höchstens platt gefahren war. Wobei wir die Straßen den schmalen Gehwegen vorzogen. Kein ganz ungefährliches Vergnügen. Wir lieferten uns auf eiskalten Hosenböden riskante Überholmanöver. Als die Pos auftauten, bestanden sie nur noch aus blauen Flecken – es tat höllisch weh. Aber das haben wir stolzen Buben natürlich nie zugegeben.

Als Kind weiß man natürlich nicht, wie sich der Sozialismus für die Erwachsenen „anfühlt". Für uns bedeutete er fast unbegrenzte Freiheit. Privatbesitz gab es kaum noch, es war ja alles verstaatlicht worden. Also spielten wir quer über die Hinterhöfe, machten Krach und donnerten die Fußbälle ich weiß nicht wohin. Wir kletterten auf Bäume und verspeisten das Obst. Frei nach einem Satz: „Was Bäume produzieren, gehört niemandem." Aber man hörte aus den Gesprächen der Erwachsenen über die Funktionäre, dass es denen im Vergleich zu uns unverschämt viel besser ging. Und der Unmut darüber in der Bevölkerung wuchs. Auch wurden Stimmen laut, dass es nicht gerecht sein kann, den größten Teil der Einnahmen aus dem Tourismusgeschäft an der Kroatischen Küste in die Serbische Hauptstadt Belgrad zu pumpen. Man sah das Geld dort auch nicht in den richtigen Händen. Den Slowenen, die das höchste Bruttosozialprodukt Jugoslawiens erwirtschafteten, ging es genau so.

Ich denke, der Sozialismus in Jugoslawien war weniger dogmatisch als beispielsweise in der DDR oder in Bulgarien. Wir hatten ähnliche Zustände wie in Ungarn mit seinem legendären „Gulaschkommunismus". Das bedeutete, dass man ausreisen konnte und Touristen konnten einreisen, wenn auch bis Ende der 60er Jahre nur mit Visum. Und man ging eben in die Kirche.

Trotzdem gab es politisch Verfolgte. Es war in jedem Fall besser, sein Maul nicht zu weit aufzureißen. Deshalb gab es hinter vorgehaltener Hand auch so viele politische Witze. Wie: Die Genossen sprechen einen Zigeuner an: „Warum warst du nicht auf der letzten Parteisitzung, Genosse?" Und der Zigeuner antwortet: „Entschuldigt, Genossen. Wenn ich gewusst hätte, dass es die letzte ist, wäre ich gekommen, ehrlich!"

Und noch einer: Den ehemaligen Innenminister und Chef des Geheimdienstes Aleksandar Rankovic konnte Tito nicht besonders leiden. Er war zwar gut für die Drecksarbeit, hatte aber keine Spur von Manieren. Bei einem Staatsbankett saß Rankovic neben Tito und zerteilte das Geflügel mit seinen Händen. Tito zischte ihm von der Seite zu: „Rankovic, das Messer!" Der nahm es in die Faust wie einen Dolch, reckte den Arm und schrie mit satanischer Lust: „Wen? Wen?"

Ein weiterer Witz basierte auf einem Gerücht. Es hieß, Titos Frau Jovanka würde versuchen, mit Geheimdienstchef Rankovic die Macht an sich zu reißen. Aus dem Gerücht wurde ein Witz gemacht und der ging so: Tito wird zugetragen, dass man eine in den Schnee gepinkelte Schmähschrift gegen ihn gefunden hätte, die lautete „Nieder mit Tito". Man hätte den Urin analysiert und er sei eindeutig von Rankovic und die Handschrift sei von ihr (Jovanka)…

Trotzdem kann ich mir bis heute nicht vorstellen, dass es in Kroatien diese nahezu perfekte Bespitzelung durch informelle Mitarbeiter gegeben haben könnte wie in der DDR.

Nachbar war Nachbar, Freund war Freund. Außerdem hätte man die Kroaten schon aus Mentalitätsgründen nicht so gut organisieren können.

Wenn man im Sommer sonntags durch die Straßen ging, um jemanden zu besuchen, musste man nicht auf die Musik verzichten, die man gerade zu Hause gehört hatte. Alle Fenster unseres Stadtviertels standen weit geöffnet, die Luft roch nach Mittagessen und man hörte aus allen Wohnungen die gleiche Musik, denn es gab nur zwei Radiosender. Der eine übertrug Parteisitzungen und wurde daher nicht so oft gehört, es sei denn, man wollte bei seinen Nachbarn unbedingt den Eindruck erwecken, man sei ein treuer Parteigenosse. Der andere Sender spielte Big Band Swing. Überall in der Stadt hörte man das Glenn Miller Orchester mit seinem Hit „Sunny Side Of The Road" – außer, es gab Fußball!

Mit meinen beiden Cousins
Links Mladen, in der Mitte Branko, daneben ich mit meiner ersten Gitarre

10

Die zweite Schulzeit

Im Sommer 1965 kam ich also „für immer" nach Bayern. Durch die ständigen Wechsel zwischen Deutschland und Kroatien hatte ich immer wieder Prüfungen abzulegen, da die Lehrpläne sehr unterschiedlich waren. Und so war ich froh, nun endlich irgendwo angekommen zu sein. Einen Vorteil allerdings hatten diese turbulenten Zeiten. Mir fiel sehr früh auf, dass die gleichen Ereignisse auf der Welt, in beiden Ländern durch die Medien unterschiedlich, sogar konträr, vermittelt wurden. Über Israel beispielsweise, wurde in Deutschland gänzlich anders berichtet als in Jugo. Und so war nicht schwer zu begreifen, dass die „Wahrheit" ziemlich subjektiv und dehnbar ist.

In der sechsten Klasse war ich sehr ehrgeizig und bekam Nachhilfeunterricht. Ich wollte besonders im Fach Deutsch möglichst noch besser sein als meine einheimischen Mitschüler. Das war mir ungeheuer wichtig. Es erfüllte mich mit Stolz, dass der Deutschlehrer am Ende der sechsten Klasse sagte: „In der Grammatik und der Rechtschreibung, nehmt euch ein Beispiel am Miroslav!". Überhaupt sah das Zeugnis sehr gut aus, und so stand einem Übertritt in die Realschule nichts mehr im Wege.

Der erste Schultag brachte gleich eine drastische Einsicht. Unser Biologielehrer in der Mittelschule hatte in seiner Jugendzeit geboxt – sah also entsprechend bullig aus. In seiner ersten Unterrichtsstunde kam dieser mächtige Typ und sagte: „Ich bin der Gröner Pauli" – und schrieb seinen Namen an die Tafel. Dann holte er aus seiner Tasche ein Springmesser, lies es aufklicken, haute seine linke Pranke auf den Tisch und stach blitzschnell mit der Klinge zwischen seinen Fingern vom Daumen bis zum kleinen Finger und zurück wie bei einer Zirkusnummer. Das sah sehr gefährlich aus. Er klappte das Messer zusammen und sagte: „Das passiert euch, wenn jemand bei mir spickt." Es war totenstill … wir hatten kapiert.

Vierhändiges Abschlusskonzert 1968 mit Toni Mattheis (im Hintergrund)
Es schaut in die Noten und ich?

Auch der Rektor der Mittelschule war eine Besonderheit, um nicht zu sagen, eine Ausnahmeerscheinung. Die Sprüche, die er drauf hatte, waren nicht gerade „politisch korrekt". Er unterrichtete Deutsch. Im Unterricht kritzelte ich oft auf ein Blatt Papier, wenn ich mich besonders gut konzentrieren wollte. „Hör auf", bekam ich da zu hören, „ja, dich meine ich, den montenegrinischen Schafhirten, hör' auf zu malen, wir hatten schon mal einen Maler, der ist dann Führer geworden!" Wenn man eine Frage nicht gleich beantworten konnte, höhnte er „Nie gelernt und dann vergessen, was?". Als ich schon lange Haare hatte, sprach er mich vor einem Rockkonzert an: „Und, wann ist das große Paviantreffen?" „Nimm' deine Wichsgriffel da weg", hörte ich ebenfalls öfter und wenn wir versuchten zu widersprechen, konterte er: „Wenn ihr euch beschweren wollt, dann am besten mit Sandsäcken!"

Im Fach Musik unterrichtete eine ganz junge Lehrerin, die nicht nur Klassik im Programm hatte, sondern auch so moderne Sachen wie Rock und Blues – das war ziemlich progressiv. Bei ihr hatte ich einen Stein im Brett, weil ich schon in einer Rockband spielte und sie unterstützte auch die Idee eines Schul-Gospelchores unter meiner Leitung am Piano.

Das Kontrastprogramm zum gesamten Lehrkörper bildete unser Chemielehrer. Er war cholerisch und schwach. Der war für uns Lausbuben natürlich ein ideales Opfer. Drehte er uns den Rücken zu, sangen und pfiffen wir, verhöhnten ihn mit „Johnny"-Rufen, drehten das Licht aus, wenn die Verdunklungsrollos für einen Chemieversuch gesenkt waren, versteckten Utensilien für Versuche, machten eben alle Dummejungenstreiche, die den Unterricht behinderten. Ich war einer dieser Störenfriede und habe in Chemie entsprechend wenig mitbekommen oder wie man damals sagte: „Schwach angefangen und dann stark nachgelassen". Trotz all dieser Streiche hatte ich den unbändigen Willen, die Schule erfolgreich abzuschließen und das ist mir bis auf die ungeliebte Chemie auch ganz gut gelungen.

Ein besonderes Original war unser Englischlehrer. Seine Unterhose schaute meistens oben über den Hosenbund hinaus, so wie man es heute gerne absichtlich trägt, aus modischen

Gründen. Bei ihm war das allerdings keine Absicht. Außerdem hatte er offenbar panische Angst, sein Hosenschlitz sei vielleicht nicht zu – und griff sich deswegen ständig an die delikate Stelle und überprüfte das von unten nach oben. Seine Spezialität und Vorliebe aber war es, uns Gedichte vorzutragen. Eines habe ich mir bis heute gemerkt:

> Die Nacht war dunkel,
> der Mond schien fahl,
> da steigt ein Mann aus dem Kanal.
> Zur Geliebten lenkt er seinen Schritt
> und führt einen Eimer Jauche mit.
> Die Liebste hatte ihn betrogen,
> nun schüttet er in weitem Bogen
> die Jauche über ihr Bett hernieder,
> und draußen blüht der weiße Flieder.
> Nun lenkt er seine Schritte weiter.
> So rächt sich ein Kanalarbeiter.

1968 in Freilassing erreichte das sozialistische Ideengut auch meinen Freundeskreis in der bayerischen Provinz. Ich war gerade 14 und natürlich offen für die Bilderstürmerei. Die ständigen Diskussionen, die sogenannte Dialektik, habe ich später besonders am Theater erlebt, wo man sich gegenseitig links überholte. Es war so eine Art „Salonkommunismus" aus einem sicheren, warmen Nest heraus. Es ging denen, die alles niederreißen wollten, ja meist selbst sehr gut. Auch ich hatte in dieser Zeit oft das Kommunistische Manifest von Karl Marx und Friedrich Engels im Gepäck, für mich allerdings besonders nützlich bei den Grenzübertritten von Österreich nach Jugoslawien und zurück, wo es zuoberst im Koffer verstaut, bei den jugoslawischen Pass- und Zollkontrolleuren seinen ideologischen Zweck erfüllte. Paradox war, in Deutschland verteidigte ich die sozialistischen Errungenschaften, und in Jugo schwärmte ich von der (fast) real existierenden Demokratie in Deutschland.

Bis zum Mittelschulabschluss lief also alles gut. Doch dann kamen mir zwei Dinge in die Quere, die mein Leben in den nächsten Jahren bestimmen sollten.

Die Rockmusik und die jungen Damen

Aus Kroatien hatte ich mir und meinem Nachbarn Gerhard je eine akustische Gitarre mitgebracht, weil sie in Zagreb sehr viel günstiger waren. Gerhard ist mein ältester Freund, ich kenne ihn, seit ich vier war. Im Keller seiner Familie versuchten wir uns auf den beiden Gitarren Griffe beizubringen. Wir hatten ein paar „pick ups", also Tonabnehmer gekauft, die schraubten wir an die Gitarren, um sie am ausrangierten Röhrenradio seiner Eltern anzuschließen. Und das klang tatsächlich schon wie eine elektrische Gitarre für uns. Auf einem leeren runden Waschmittel-Kübel, bei dem wir den Deckel entfernten und den Kübel umgedreht zwischen den Beinen hielten, trommelten wir, als wäre es eine Konga. Das erste Lied das wir versuchten, war glaube ich „Hey Mr. Tamburine Man."

Im Herbst 1969 stand ein Junge namens Gerwin bei mir vor der Tür und sagte: „Wir haben gehört, dass du Klavier spielst. Wir haben eine Band. Möchtest du bei uns mitmachen?" Die Band hatte den trendigen Namen „The Major Rockefeller's Purple Haze Company." Ich war interessiert und sagte zu. Meine Adoptiveltern waren nicht sehr begeistert, aber nickten die Sache ab, ich war ja noch keine 16.

Rock in der Garage

Wir probten in einer Garage, und der nächste Auftritt mit
mir am Keyboard sollte eine Tanzmugge sein (Mugge heisst:
musikalisches-Gelegenheits-Geschäft). Es war Fasching und
ich bekam eine Liste mit ca. 80-100 Songs in die Hand gedrückt, mit Texten und den entsprechenden Harmonien,
die ich mir draufschaffen musste. Für den ersten Auftritt
war eine Spieldauer von vier Stunden geplant, plus vier bis
fünf Pausen. Bei manchen Sachen sang ich auch im Chor
mit oder ich musste für ein bestimmtes Lied, z.B. „Yummi
Yummi" ein paar Griffe auf der Gitarre lernen und dazu den
Rhythmus schrubben. Und das, obwohl wir mit Gerhard im
Keller nur minimale Fortschritte gemacht und nur wenige
Griffe auf der Gitarre erlernt hatten. Aber jetzt war Gerwin

für meine Gitarrenkarriere zuständig und die musste möglichst beschleunigt voranschreiten. Und Gerwin war kritisch. Er ließ mir nichts durchgehen. Also setzte ich mich zu Hause hin und übte Klavier und Gitarre, lernte die Texte auswendig und vernachlässigte dadurch meine Schularbeiten. Wir ließen uns alle überlange Hemden mit Blumenmuster, wie sie die Beatles auf manchen Fotos trugen, von der Mutter des Schlagzeugers nähen und fühlten uns damit, jedenfalls was die Optik der Tanzband anging, auf der Höhe der Zeit.

Nach etlichen Konzerten, das ging ungefähr ein halbes Jahr so, war uns die Lust an Tanzveranstaltungen, bei denen man sich wie eine lebende Musikbox fühlte, vergangen und der Spaß am Musizieren ging irgendwie flöten. Bei Gerwin und mir wuchs die Sehnsucht, progressiven Rock und Blues zu spielen und eigene Sachen zu komponieren. Gerhard bekam Wind von der Sache, interessierte sich auch brennend dafür und wollte natürlich mitmachen. Er entschloss sich, in der noch nicht vorhandenen Formation Bass zu spielen, eigentlich hatte er Akkordeon gelernt, auch bei Frau Dollinger. Und so fingen wir an, nach einem Schlagzeuger Ausschau zu halten.

Es gab einen Jungen, der auch lange Haare hatte, wie wir, und mit Gerwin in Bad Reichenhall aufs Gymnasium ging, er kam auch aus Freilassing und hieß Mirko. Der Zufall ergab, dass Mirko genau zu diesem Zeitpunkt ein Schlagzeug geschenkt bekommen hatte, aber noch gar nicht spielen konnte. Wir verabredeten uns bei Mirko im Keller, wo das Schlagzeug stand und fragten ob er Interesse hätte, der von uns beschriebenen musikalischen Richtung am Schlagzeug den Rhythmus beizusteuern. Wir schlugen ihm vor als Einstieg mit einem ganz konkreten Stück das Schlagzeug-Üben zu beginnen und dieses Lied sollte auch gleichzeitig unsere gemeinsame musikalische Richtung ausweisen. Das Stück war von Iron Butterfly und hieß „In A Gadda Da Vida". Mirko war sehr begabt und lernte schnell. Und so begannen wir schon nach ein, zwei Wochen zu viert an dem Stück zu arbeiten. Nun, da sich abzeichnete, dass es gelingen könnte zu einer Band zusammenzuwachsen, brauchten wir natürlich einen Namen. Aber das hatte ja noch Zeit.

Zu Besuch bei Familie Rois
Von links nach rechts: Baba, Mama, Frau Rois
und der kriegsblinde Herr Rois

Mirkos rotes Schlagzeug stand, wie gesagt, im Keller des Hauses seiner Familie. Sie hießen Rois, kamen aus Slowenien und hatten vier Söhne. Mirkos Vater war kriegsblind, und seine Mutter hatte eine Dominanz wie meine Baba. Aber sie war toleranter. Herr Rois war trotz seiner Behinderung voll einsatzfähig, bis aufs Autofahren. Dass heißt, später fuhr uns manchmal Mama Rois zu den Auftritten. Dafür hat Herr Rois am Haus um- und angebaut und an den Autos herumgeschraubt. Vor allem war er an Hörkassetten und am Fernsehen interessiert – und da hat er oft mehr herausgehört, als andere gesehen haben.

Die Rois-Eltern waren sehr großzügig ihren Söhnen gegenüber, deshalb durften wir im Keller ihres kleinen Hauses in der kinderreichen Siedlung üben – stunden- und tagelang. Für die Nachbarn und die Familie war das vermutlich ziemlich nervig. Nun spielten wir also die Sachen, die genau unserem Geschmack entsprachen. Und schon ein paar Monate später haben wir unser erstes Konzert gegeben. In der Zwischenzeit hatten wir uns auf den ausgefallenen Namen „Asphyxia" geeinigt. Ich hatte den Namen in einem Lexikon gefunden, und zwar geleitet durch die Überlegung, dass die meisten Bands dieser Zeit mit „The" anfingen, wie „The Beatles", „The Who", und in unserer Region „The Strangers", „The Inn".
Diese Bands wurden auf den Plakaten natürlich alphabetisch angekündigt und somit musste also für unseren Bandnamen als erster Buchstabbe ein „A" her. Und da fand ich im Lexikon dieses exotisch anmutende Wort „Asphyxia". Mit ihm standen wir dann tatsächlich immer an oberster Stelle der Ankündigungen.

Erst Jahre später kam es mir wirklich zu Bewusstsein, dass dieser altgriechische Begriff etwas schrecklich Unangenehmes bedeutet. Nämlich: Erstickungstod!

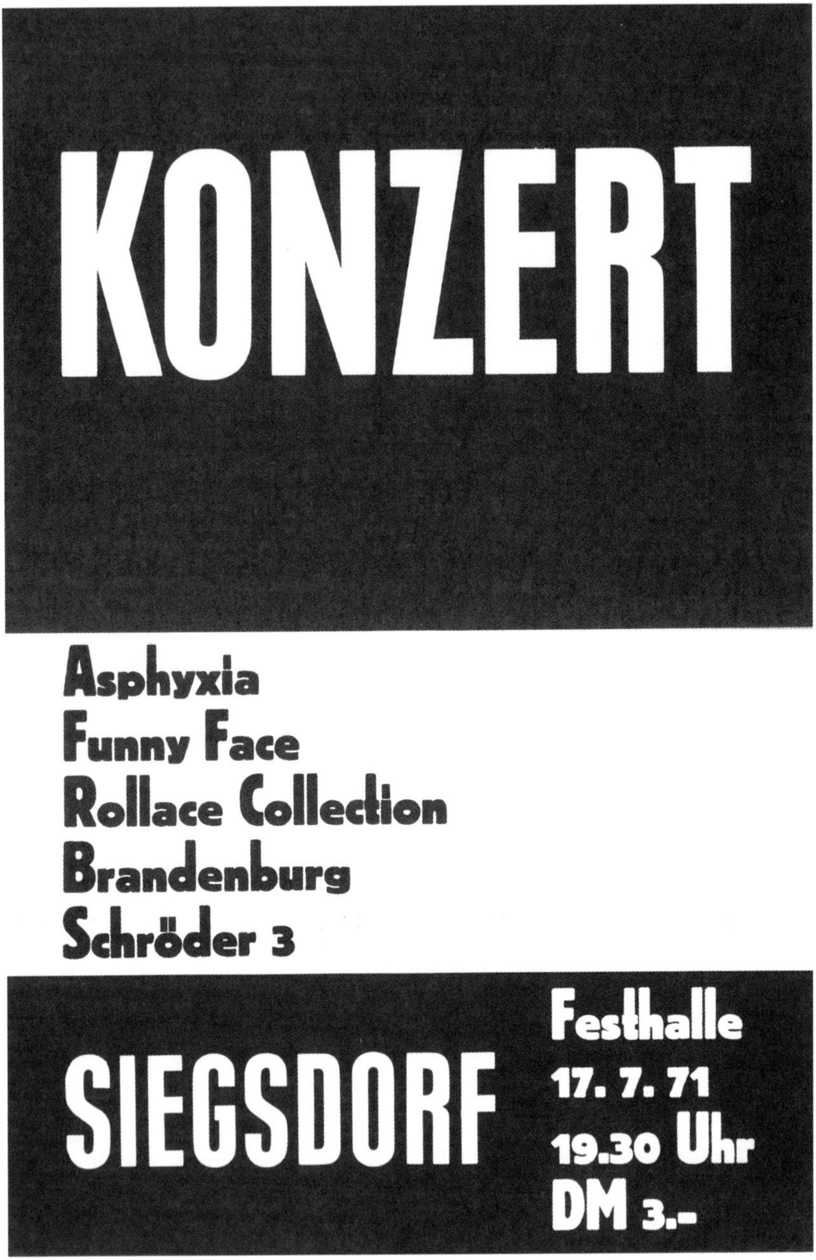

KONZERT

**Asphyxia
Funny Face
Rollace Collection
Brandenburg
Schröder 3**

SIEGSDORF

**Festhalle
17. 7. 71
19.30 Uhr
DM 3.-**

Na also, klappt doch

In dieser Formation gingen wir weg vom Kommerziellen, stellten eigene Kompositionen und Texte vor, in denen es, der damaligen Zeit entsprechend um Drogen, Politik, freies Leben und freie Liebe ging. Als Vorbilder hatten wir ja immerhin die Beatles, Jimi Hendrix, die Rolling Stones, Frank Zappa, Gentle Giant und Bob Dylan. Diese Vorbilder waren zehn, zwölf Jahre älter als wir und hatten in ihrem Leben schon alles erreicht: Mit der eigenen Musik bekannt zu werden, damit Geld zu verdienen, davon leben zu können. Das war auch unsere große Sehnsucht.

Asphyxia, 1970
Unser Schlagzeuger Mirko Rois ist eigentlich Grafiker und Maler
Diese Zeichnung stammt von ihm

Wir befanden uns im Stadium des Erwachsenwerdens. Da tut man vieles, um anderen zu gefallen. Auf keinen Fall aber den Lehrern in der Schule. Man wollte nicht einsehen, dass man die Schule für sich machte, dass man für sich selbst lernt. Und wenn man schulische Leistungen erbringen musste, hat man sie für die Eltern durchgezogen oder damit man seine Ruhe hat. Die Einsicht, dass das alles für mich wichtig sein könnte, war noch nicht vorhanden, daher leistete ich Widerstand. Mir fehlte die berühmte „Motivation", etwas zu lernen.

Realschule Freilassing

Und dann kamen in dieser Zeit auch meine Hormone mächtig ins Wallen, wie Teufelchen, die einen reiten. Ich musste lernen, meine Emotionen irgendwie zu bändigen. Was mir nicht wirklich gelungen ist. Aber auf bestimmte Weise war das später für die Ausbildung an der Schauspielschule sogar ein Vorteil. Da kamen nämlich so Anweisungen wie: „Komm raus aus Dir!", „Mach auf!". Wenn dann das Denken und Fühlen weder gebändigt noch gezügelt ist, wie das bei mir der Fall war, sondern sich Bahn bricht und man genau daraus seine Kraft zieht, seine Kreativität und dann noch die Überzeugung dazu kommt, sich für bestimmte Werte einsetzen zu wollen, für die man auch bereit ist einzustehen, ist es ein verspäteter Glücksfall. Meine Pubertät war wirklich eine Sturm- und Drangzeit – genau wie bei Karl Moor in Schillers „Räubern", den ich dann später am Theater gespielt habe. Ich habe ihn aus dieser ungebändigten Zeit heraus verstanden und erfühlt. Als einen, der durch sich selbst, durch seine Aufwallungen getrieben ist.

Ich bin als Südländer von Natur aus ein sehr emotionaler Mensch und habe das Temperament meiner Eltern geerbt. So war das Erwachsenwerden eine sehr eruptive Angelegenheit. Widerstand, große Emotionen, große Schmerzen, Freud und Leid, Hochs und Tiefs – das ganze Spektrum.

Mit 15 fing ich an, meine Haare wachsen zu lassen, bis sie an die Hüfte reichten. Ich gefiel mir darin, sie mit viel Schwung nach hinten zu werfen. Sonntags wurde ja in die Kirche gegangen, danach meistens zum Mittagessen nach Anif bei Salzburg, wo auch Herbert von Karajan residierte. Jetzt kam da so ein Langhaariger und störte das ästhetische Empfinden der herrschenden Klasse, die man damals „Establishment" nannte. Dieses Wort war sehr beliebt, um sich damit abzugrenzen und klar zu machen, dass man zu denen auf keinen Fall gehören wollte. Es gab auch den Spruch: „Wer zweimal mit derselben pennt, gehört schon zum Establishment". Und daran haben wir uns auch gehalten. Meistens jedenfalls. Fritz und Vinka schämten sich schrecklich. Aber sie nahmen mich trotzdem mit, auch wenn es immer wieder hieß: „Wie du aussiehst, schau mal, wie uns alle anstarren. Das ist das letzte Mal, dass wir zusammen hierher gehen!" Meine schnoddrige Antwort: „Lass sie doch glotzen, ist mir doch wurscht. Die sollen sich um ihre eigenen Angelegenheiten kümmern." Ich war also richtig nett.

In der Wohnung meiner damaligen Freundin

Mit meinen leiblichen Eltern gab es selten Konflikte. Sie haben mich in den meisten Dingen unterstützt, sogar als ich mit 17 zu einem Rock-Festival nach Südfrankreich trampen wollte. Trotz chronischen Geldmangels haben sie mir einen Schlafsack gekauft und erlaubt, dorthin zu fahren. Obwohl Papa begeistert „Abba" hörte – was ich damals ganz fürchterlich fand – interessierten sich die Eltern immer für „meine" Musik. Niemals kam der Vorwurf, „Das ist doch Negermusik", wie man ihn in Freilassing öfter zu hören bekam.

Die Realschule brachte ich noch sehr gut bis zur Mittleren Reife zu Ende und kam dann auf das „Chiemgau-Gymnasium" in Traunstein. Es war für seine Strenge berühmt-berüchtigt. Dort bekam ich nicht mehr so viel auf die Reihe, weil meine musikalischen Ambitionen, proportional zur Unlust aufs Pauken, zunahmen. Denn wir hatten ja Erfolg mit der Band! Spielten auf vielen Festivals, durften sogar in München eine Plattenaufnahme machen – in Klaus Doldingers Studio – er schrieb ja sinnigerweise gerade zu dieser Zeit, also 1970, die „Tatort"-Musik. Jahre später habe ich ihn persönlich kennengelernt, er ist übrigens auch Tatort-Fan. Witzig, dass wir ausgerechnet in seinem Studio ein Demoband aufgenommen haben.

Neben der Rock-Musik begannen vor allem die Mädchen eine entscheidende Rolle in meinem Leben zu spielen. Mein erstes „Verliebtsein" erlebte ich allerdings schon mit zwölf. Ich war in den Winterferien in Zagreb, wo ich Blanka wieder traf. Ich war früher mit ihr in die fünfte Klasse gegangen. Blanka war aus besserem Haus, wie man so sagt. Ihre Familie besaß ein eigenes Haus. Sie lud mich zu ihrer Silvester-Party ein. Um Mitternacht zog sie mich, wir waren vom Tanzen total verschwitzt, in den verschneiten Garten. Und plötzlich, völlig unerwartet, küsste sie mich auf den Mund und fragte „Was denkst du jetzt?" Ich wusste überhaupt nicht, was ich denken sollte, geschweige denn, was antworten. Jedenfalls fand ich ihre Frage ungeheuer raffiniert. Und so habe ich diesen „Trick" dann später auch ab und zu angewandt.

Im Sommer 1969 alberten wir im Freilassinger Schwimmbad herum. Eine Horde Jungs, die mit allem möglichen Blödsinn die Aufmerksamkeit der jungen Evas wecken wollte, anstatt einfach zur Erkorenen hinzugehen und „Hallo" zu sagen- nein, das war nicht denkbar. Aber einmal tat ich es doch. Ich sprach sie an, das Mädchen meiner Träume, und wir beide traten gemeinsam den Heimweg an. Es war ein erhebendes Gefühl, mit der Angebeteten, beide auf den Fahrrädern mit wehenden nassen Haaren, die Landstraße entlang zu schweben. Wir kamen tatsächlich zusammen und blieben es mit kurzen Unterbrechungen fast drei Jahre lang. Damals probten wir mit der Band in einem alten leer stehenden Haus. Und dort im dunklen Übungsraum (alle Fenster waren wegen der Lautstärke unserer Band abgedichtet worden), hinter Mirkos rotem Schlagzeug, erlebten wir unser „erstes Mal". Das brachte uns auf den Geschmack. Diese „Schlagzeugtreffen" wiederholten wir so oft es ging, bis sich eines Tages Mirko, ohne uns zu bemerken, zum Üben ans Schlagzeug setzte und lostrommelte. Der Schreck war enorm. Daraufhin verlagerten wir unsere Aktivitäten in die elterliche Wohnung meiner Freundin.

Immer sonntags, wenn die Eltern weg waren, hetzte ich die Treppen hoch in den vierten Stock ihres Wohnblocks. Die Lust wurde durch die ständige Angst, dass jemand kommen könnte, was auch oft genug passierte, vielleicht sogar gesteigert. Vom ersten Wahrnehmen der Schritte im Treppenhaus bis zum Schlüsselumdrehen an der Wohnungstür, zogen wir uns in rasendem Tempo und mit wildem Herzklopfen an. Meine Freundin hatte Gott sei Dank eine ziemlich liberale Tante, die in München lebte. Als sie mitbekam, was zwischen ihrer Nichte und mir lief, brachte sie das Thema Verhütung, nämlich die Pille ins Gespräch. Kondome waren damals seltsamerweise keine echte Alternative.

Ich habe meine Freundin allerdings nie mit nach Hause genommen. „Denk' mit dem oberen Kopf!" warnte Baba später, als sich das Liebesfeld ausgeweitet hatte und sich alles nur noch „darum" drehte. Wenn wir mit der Band unterwegs waren, reisten ja meistens noch Groupies mit. Die gab es 1970/71 tatsächlich. Und da wurde natürlich alles ausprobiert. Es gab noch kein AIDS. Das einzige, worauf man achten musste, war, sich nicht irgendwelche hartnäckigen Läuse oder einen Tripper einzufangen. „Dass er uns ja kein Kind anschleppt", jammerte Baba meiner Mutter ins Ohr. „Kein Problem, das nehm' dann ich", war ihre Antwort. Sie hätte es wohl auch getan, weil sie Kinder so liebte.

Fritz und Vinka hatten es in dieser Zeit alles andere als leicht mit mir. Ich versuchte immer und überall, meinen Willen durchzusetzen. Ohne Rücksicht auf Verluste oder gar auf Konsequenzen. Ich schwänzte den Unterricht und brachte es in einem Schuljahr auf 54 Fehltage. Die Entschuldigungen fälschte ich. Aber irgendwann flog mein Schwindel auf, denn angeblich musste ich als Ausländer immer wieder zum Landratsamt oder nach München zum Konsulat. Und einmal gab ich einen Termin an, der zu unglaubwürdig schien. Auch diese Entschuldigung unterschrieb ich selbst. Die Folgen blieben nicht aus: Die elfte Klasse habe ich bis zum Halbjahr wiederholt. Dann sagte ich dem Gymnasium für alle Zeit Lebewohl.

Ich hatte vor allem ein Riesenglück, dass mich meine „deutschen Eltern", unabhängig von unseren zahlreichen Konflikten und Differenzen, in meinen musikalischen Ambitionen stets unterstützt und bestärkt hatten. Gerade „Ota" Fritz hatte dafür Verständnis. Er war Ingenieur, Konstrukteur, der sich alles selbst beigebracht hatte, ein Autodidakt, und er gründete sogar eine eigene erfolgreiche Firma.

Da ich eine technische Realschule besucht hatte, lernte ich auch TZ, also technisches Zeichnen, Steno und Schreibmaschine. Oft habe ich bei Fritz in der Werkstatt gearbeitet und mir ein zusätzliches Taschengeld verdient. Er hätte es natürlich gerne gesehen, wenn ich die kleine Firma übernommen hätte. Die war ja sein Lebensinhalt und ein renommierter Präzisionsbetrieb, von dem es in Europa nur wenige gab. Trotzdem sprang er über seinen Schatten:

„Schau, ich habe mein Hobby zum Beruf gemacht, meine Modelleisenbahn und meine Kleinstprofile", sagte er, „deswegen verstehe ich deine Liebe zur Musik. Aber du musst in irgendeiner Sache einen Abschluss machen."

Asphyxia, Freilassing 1971
Von links nach rechts: Mirko Rois, Gerwin Eder, Gerhard Hinz
und ich an meiner italienischen Farfisa-Orgel

Mit der Band unterwegs. Gerwin hatte als Einziger schon den Führerschein.
Wir anderen mussten noch ein Jahr warten

Zeichnung: Mirko Rois

11

Das Mozarteum

Damals bestand zwischen Bayern und Österreich ein Abkommen, dass man auch ohne Abitur am renommierten Mozarteum in Salzburg studieren konnte, aber natürlich nur, wenn man die anspruchsvolle Aufnahmeprüfung bestanden hatte. Ich habe in der Vorbereitungszeit täglich sechs Stunden Klavier geübt und mir auch Formenlehre, Musiklehre, Gehörübung, Tonsatz etc. erarbeitet. Durch meine Zeit in der Rockband war ich ziemlich gut im Improvisieren. Dafür wurde ich von vielen beneidet, die es eher gewohnt waren, vom Blatt zu spielen.

Schon meine Klavierlehrerin in Kinderzeiten, Frau Dollinger, merkte früh, dass ich die Musikstücke meist auswendig konnte, wenn ich sie einmal gespielt hatte. Zu Beginn jeder Klavierstunde musste ich ihr das Stück, das ich als Hausaufgabe zu üben hatte, vorspielen. Ich sah zwar in die Noten, spielte aber auswendig. Sie merkte es natürlich, da ich schon weiterspielte, bevor sie das Notenblatt umgeblättert hatte. Da ich die Stücke gleich immer auswendig konnte, habe ich das „vom Blatt spielen" nicht wirklich geübt.

Ich bereitete mich also intensiv auf die Aufnahmeprüfung vor, die im Januar 1972 stattfand. Zwei Wochen später kam der entscheidende Brief: „Bestanden – im Februar geht es los". Gleich am ersten Studientag, als ich die Stundenpläne auf der großen Tafel der Eingangshalle notierte, sprach mich von hinten eine weibliche Stimme an, die eine Auskunft haben wollte. Als ich mich umdrehte, um zu antworten, sah ich einer sehr femininen, gut aussehenden Frau ins Gesicht. Sie hatte volle braune Haare – noch länger als ich damals – und als unsere Blicke sich trafen, wich sie etwas zurück und stockte. Ein Lachen überzog ihr Gesicht als sie sagte: „Entschuldige, aber ich dachte, du bist ein Mädchen". Wie sich später herausstellen sollte, hat diese Kommilitonin mein Leben – besonders beruflich – entscheidend beeinflusst.

Das Studium war eine sehr intensive Zeit – in jeder Hinsicht. Ich war jung und aufnahmefähig wie ein Schwamm. Es wurde auch einiges geboten. Ich belegte Extrakurse wie 12-Ton-Komposition, großes Schlagwerk (z.B. Orchesterpauke stimmen und spielen) sowie Dirigieren (allerdings nur einen Grundkurs). Zwei Sommer lang hatte ich während der Semesterferien, die in die Festspielzeit fielen, sogar die Möglichkeit, als Statist etwas Geld zu verdienen. 1972 in Mozarts erster Oper „Apollo und Hyazinth" in der Bewegungsstatisterie und mit einer kleinen Rolle in „Die Kluge" von Carl Orff. Bei dieser Oper, die in deutscher Sprache und nicht in italienisch, französisch oder englisch – wie die meisten Opern – komponiert war, fiel es mir zum ersten Mal bewusst auf, wie es Orff gelungen war, den Rhythmus der Sprache in Musik umzusetzen.

Zwei Jahre zuvor im Traunsteiner Gymnasium hatte ich in der Schultheatergruppe mitgespielt und zwar in „Die chinesische Mauer" von Max Frisch. Ich wollte versuchen, das Stück zusammen mit meiner Band aufzuführen, hatte Texte vertont und Szenen mit Klangteppichen unterlegt. Dabei war es noch gar nicht „in", also „cool" deutsch zu singen, im Gegenteil, es war eher verpönt. Die ersten deutschen Texte in der Rockmusik, die ich kennengelernt habe, waren die von „Ton Steine Scherben" (eine Berliner Band mit Frontmann Rio Reiser und politischen Texten). Andere Bands, die deutsch sangen waren „Ihre Kinder" und „Guru Guru" mit nicht immer gelungenen Texten: „Du musst kaufen, kaufen, kaufen, kotzt dich das nicht aaa-hhh-aaa-an?" oder „Kind und Kegel kennt die Regel, gevögelt werden ist nicht schwer, dagegen selber vögeln sehr" – aber ansonsten war deutsch in der Rockmusik nicht gerade en vogue. Ich aber wollte die Musik meiner Band mit der gehobenen Literatur wie der von Max Frisch verbinden. Hier erhoffte ich mir neue Wege.

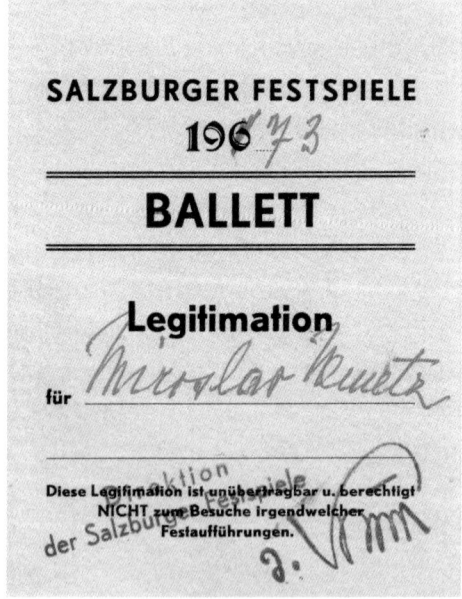

Man kann meinen Namen auch falsch schreiben,
nicht nur falsch aussprechen

In meinem zweiten Festspieljahr 1973 war ich bei der Inszenierung von Carl Orffs letzter Oper – „Das Spiel vom Ende der Zeiten" – im Bewegungschor. Diese Oper war in Pentatonik komponiert, die man auch Fünftonmusik nennt. Ein bewährtes Tonsystem für die musikalische Früherziehung. Wenn Kinder ein pentatonisches Marimbaphon mit zwei Schlägeln bedienen, klingt es nie wirklich falsch. Also haben sie ein Erfolgserlebnis. Es werden keine Halbtonschritte verwendet, daher klingt es – grob gesagt – asiatisch, chinesisch.

Herbert von Karajan dirigierte und kein Geringerer als John Neumeier, er wurde später Intendant des Hamburger Staatsballetts, choreographierte die Oper. Jeder wusste, dass Karajan Pentatonik nicht besonders mochte. Das zeigte sich manchmal daran, dass er die Proben unterbrach und junge Damen für andere von ihm geplante Aufführungen vorsingen ließ! Vermutlich dirigierte Karajan „Das Spiel vom Ende der Zeiten" auch deswegen, weil er ahnte, dass es vielleicht Carl Orffs letzte Oper sein könnte.

Karajan, dieser kleine drahtige Mann, hatte eine unglaubliche Ausstrahlung, eine natürliche Autorität, die sich zum Beispiel wie in folgender Begebenheit äußerte: Er unterbrach eine Probe, alles wurde mucksmäuschenstill und mit mühsam unterdrückter Wut, leise und beherrscht, aber in bedrohlichem Ton formulierte er überdeutlich den Satz: „Da übt irgendwo jemand Klavier!" Von diesem Moment an versprengten sich alle Mitarbeiter des Hauses wie Derwische im ganzen Festspielhaus, um dem störenden Klavierspieler den Garaus zu machen. Alles wartete unterdessen mit den Proben, ob diese Mission auch wirklich erfolgreich beendet wurde. Aber möglicherweise gab es gar keinen Klavierspieler, ich jedenfalls hatte keinen vernommen und der Meister hatte vielleicht aus ganz anderen Gründen unterbrochen. Auf alle Fälle hatte er natürlich ein feineres Ohr als wir alle anderen in diesem Raum.

Jetzt in Salzburg erlebte ich also hautnah und intensiv die Welt der Profis. Ich tauchte ein in Theater, Musik und Oper. War da einfach so mittendrin. Im Festspielhauslift fuhr ich eines Tages zufällig mit Curd Jürgens, der damals den „Jedermann" spielte. Wahnsinn! Ich war begeistert.

Langsam erschlossen sich mir bisher fremde Welten und ich lernte ungewöhnliche, extrovertierte und auch exaltierte Menschen kennen. Ich fand Gefallen daran. Aber gleichzeitig machte es mir auch ein bisschen Angst, dieses exhibitionistische, nach außen gekehrte, diese selbstverständliche Zurschaustellung, die dieser Beruf erfordert. Es war mir doch noch etwas unheimlich.

Allein unter Damen
Ab und zu habe ich auch mit historischem Tanz Geld verdient
Salzburg, 1972

Aber neben Festspielglanz und Studium gab es in Salzburg noch größere Sensationen: Frauen. In erotischer Hinsicht habe ich mich bemüht, nichts zu versäumen. Musikstudentinnen kamen ja aus der ganzen Welt. Von Finnland bis Griechenland, von Japan bis Madagaskar. Es gab also viel zu entdecken. Ich kam mir in meinem jugendlichen Überschwang vor wie ein Eroberer. Und das Leben war prachtvoll, ein einziger Rausch, mit kurzen, konzentrierten Realitätsphasen. Mit Rausch meine ich nicht Alkohol, denn ich war zu dieser Zeit abstinent, auch Drogen gegenüber resistent. Nur bei Frauen habe ich mich, wie es in Schillers Räubern als Regieanweisung für den Karl Mohr heißt, „verschwemmt".

Interessant finde ich im Nachhinein, dass ich immer dachte, ich suche mir die Frauen aus. Erst später wurde mir klar, dass sich die Frauen immer mich ausgesucht haben. Ich war es zwar gewohnt, dass ich innerhalb meiner Familie von starken Frauen umgeben war, die alles bestimmt haben, aber ich hätte nie vermutet, dass es sich hierbei um ein in der Realität so verbreitetes, grundsätzliches Phänomen handeln könnte.

Trotz der Ablenkung durch die Weiblichkeit betrieb ich fleißig mein Klassikstudium. Aber mein Herz schlug nun mal für Rock, Pop, Blues und Jazz, nicht nur für die klassische Musik. Deswegen hatte ich in meiner Rockband-Zeit zwei Jahre die klassische Musik völlig vernachlässigt, was sich jetzt auswirkte. Gott sei Dank gab es, wie ich im Nachhinein sagen muss, meine ungarische Professorin, die mir ins Gewissen redete: „Herr Nemec, als Pianist, als Profimusiker – das wird schwierig. Da gibt es so viele andere, die zwei, drei Jahre jünger sind und das Gleiche können wie Sie. In diesem Beruf sollte man eigentlich ein Wunderkind sein. Sie sind zwar begabt, aber jetzt schon zu alt für diesen Konkurrenzkampf."

Ich war damals noch keine 18 Jahre alt! „Das Piano ist keine Geige, kein Kontrabass, keine Trompete, kein Horn. Das ist ein Solo-Instrument, mit dem kann man nur als Solist erfolgreich sein. Oder möchten Sie als Bar-Pianist enden? Wollen Sie das?"

Das wollte ich natürlich nicht. Und ich verstand auch, was sie mir damit sagen wollte. Ich zog die Konsequenzen.

Es gab die Möglichkeit, am Orff-Institut den Abschluss als Fachlehrer für Musik zu machen, wenn man noch zusätzlich Didaktik und Methodik belegte, was ich tat. Nicht zuletzt meinen Zieheltern Vinka und Fritz zuliebe, die sich einen Abschluss von mir erhofften. Aber ich muss zugeben, dass ich schon zu diesem Zeitpunkt nie ernsthaft die Absicht hatte, diesen Berufsweg einzuschlagen.

In meiner Abschlussarbeit versuchte ich, mein Erlebtes und Erfahrenes in einem Projekt, das „Zeit" hieß, einzubringen. Ich fing an, Begriffe, die mit Zeit zusammenhängen, in Bilder und in Musik umzusetzen. Zum Beispiel: „Kommt Zeit, kommt Rat(d)" – da kommt einer auf die Bühne, der hat einen Zettel auf der Brust, auf dem steht „Zeit". Ein anderer kommt und schiebt ein Fahrrad neben sich her. Das Ganze wird untermalt mit Musik. Ein anderer Satz hieß: „Die Zeit heilt alle Wunden" – es steht eine Gruppe Menschen auf der Bühne, dann kommt einer und tut so, als hätte er eine Maschinenpistole in den Händen und mäht alle um, und der tote Chor am Boden singt: „Die Zeit heilt alle Wunden." Na ja, klingt nicht so aufregend, wenn man es heute erzählt, aber diese Art, Worte und Szenen in Musik umzusetzen, war der Versuch alle Eindrücke, die im Studium und im Privaten in Salzburg auf mich einstürmten, in ein „Werk" zu fassen und dieser Studienzeit einen Abschluss und Sinn zu verleihen.

Meine damalige Freundin, die ich am ersten Studientag in der Eingangshalle des Mozarteums kennengelernt hatte, war jetzt entschlossen, das Musikstudium zu beenden und Schauspielerin zu werden. Sie nahm mich mit zu einer Aufführung der Schauspielschule Salzburg und ich lernte Menschen kennen, die Schauspieler werden wollten und die ganz anders waren als Musikstudenten. Das Stück „Till Eulenspiegel", dessen Aufführung ich sah, war ein bleibendes Erlebnis. Jeder Schüler durfte einmal im Wechsel den „Till Eulenspiegel" spielen und ganz ohne Requisiten und Bühnenbild mit ein paar Stühlen und Tischen eine ganze Phantasiewelt beim Zuschauer auslösen. Für mich war das eine zusätzliche, neue Komponente, die mich faszinierte, ein Schlüsselerlebnis.

Eine dieser Schauspielschülerinnen, Susanne Schweiger, die ich nach der Aufführung damals gar nicht wahrgenommen hatte (sie hat die wunderbaren Zeichnungen zu diesem Buch beigesteuert), lernte ich erst 20 Jahre später als Freundin des Musikers und Regisseurs Peter Fischer kennen, bei dem ich Jahre später meine erste Rolle in Köln spielen sollte.

Meine Salzburger Freundin, die „Zukunftsbestimmerin", las mir abends im Bett Bücher vor, und zwar Camus und Sartre, mit denen sie sich auf die Schauspielprüfung vorbereitete. Als sie mir dann den Prospekt von der Züricher Schauspielschule zeigte, bei der sie vorhatte, die Prüfung zu machen, entschloss ich mich aus einer Laune heraus – die natürlich schon mit Neugierde auf diesen Beruf unterfüttert war – mit ihr nach Zürich zu gehen und auch die Prüfung zu versuchen.

Während dieser Zeit lernte ich Carl Orffs Tochter Godela kennen. Sie war Schauspielerin und Pädagogin. Als sie hörte, dass ich eine Schauspielprüfung vor mir habe, bot sie mir an, Übungstexte aus den Stücken ihres Vaters wie „Astutuli"

und „der Bernauerin", aber auch meine selbstgewählten Vor-
sprechtexte sprachlich und szenisch mit mir zu erarbeiten.
Ihr Vater, Carl Orff, las in diesem Winter am Orff-Institut
persönlich die „Weihnachtsgeschichte" vor, was ein unver-
gessliches Erlebnis bleibt. Diese Musik-, Sprech- und Rhyth-
muserziehung war mir später an der Schauspielschule eine
große Hilfe.

12

Von Strkanec zu Nemec

Mit der Stadt Salzburg verbinden mich einschneidende Erinnerungen, wie die Kirchenbesuche, meine Langhaarzeit, das Musikstudium und die Ausflüge ins Nonstop-Kino mit meinem „Ota" Fritz, wo die Vorführungen mit der „Fox' Tönende Wochenschau" begannen und mit den Donald Duck Zeichentrickfilmen endeten, auf die ich mich am meisten freute. Manchmal blieb er mir zuliebe eine zweite Runde sitzen, damit ich die Trickfilme noch einmal sehen konnte. Von dort ging es zum Fisch-Schnellimbiss nahe der Staatsbrücke – es gibt ihn noch heute, wenn auch etwas nobler. Oder zum „Bosna"-Stand in der Getreidegasse. „Bosna" ist so etwas wie ein Balkan-„Hot-Dog", allerdings mit zwei Würstchen, ohne Ketchup, ziemlich scharf und das Brötchen ist knusprig. Also eigentlich doch ganz anders. In Bosnien selbst kennt man dieses „Balkan-Fastfood" allerdings nicht. Und dann zum Abschluss vielleicht noch ein Besuch bei Herrn Wolf, der das „Max-Glan-Kino" betrieb und im Dachgeschoss dieses Hauses eine riesige Modelleisenbahnanlage mit allem Drum und Dran eingerichtet hatte. Da konnte man dann von einem erfüllten Tag sprechen, für mich als Kind waren es fast schon zu viele Reize. Aber den bleibenden Eindruck meiner Kindheit hinterließ der Salzburger Bahnhof, und zwar, weil er mit dem „Weggehen müssen", aber auch mit dem „freudigen Ankommen", jedenfalls mit großen Gefühlen zu tun hatte, also mit meinen vielen Ortswechseln, sprich: Entwurzelungen.

Später bin ich wirklich
alleine gereist

Hier mit Mama und Baba.
Wir warten auf den Zug,
der von Paris über Salzburg,
Zagreb bis nach Belgrad fuhr

An diesem Bahnhof machte der „Balkan-Express" Station, der von Deutschland nach Istanbul fuhr. Wenn man in Salzburg zustieg, war er schon total überfüllt mit griechischen, türkischen und jugoslawischen Gastarbeitern aus Köln, Stuttgart und München. Man quetschte sich am Bahnsteig durch eine unvorstellbare Menschenmasse zu den Waggons, sodass einem die Minusgrade gar nicht mehr auffielen. Die Rückfahrt verlief noch weniger zivilisiert. Am Zagreber Bahnsteig wurden die Frauen durch die Fenster in die Gänge der Waggons geschoben (es gab dabei die eine oder andere wollene Unterhose, manchmal auch zwei übereinander zu sehen) und nach ihnen die Gepäckstücke. Abteile, Gänge, Toiletten – alles war überfüllt, wie in einem Erdbebenauffanglager.

„Lasst den Jungen durch, sonst ziehe ich mein Krummschwert!", brüllte mein sonst friedlicher Papa beim Durchquetschen durch die Massen. Er sagte wirklich „Krummschwert". Bei den Menschen- und Gepäckmengen hatte man gar keine Chance, über den Abschied von zu Hause traurig zu werden. Wer das Glück hatte, in irgendeinem Abteil einen Platz zu ergattern, zog erst einmal seine Schuhe aus. Dann wurden Würste, Brot und Wein heraus geholt, selbstverständlich auch selbstgebrannter Slivovitz – es lag im ganzen Zug eine Dunstwolke aus Knoblauch, Zwiebeln, Alkohol und Nikotin.

Damals brauchte man für die Strecke Salzburg – Zagreb im Winter ab zwölf Stunden aufwärts, nicht wie heute sieben. Und dass bei Bad Gastein in Österreich riesige Schneeverwehungen den Zug stoppten, war so sicher wie das Amen in der Kirche. Der Zug blieb also zwangsläufig stehen. Mitten in der Nacht. Die Fahrgäste warteten bibbernd vor Kälte auf Busse, die sie zum nächsten Bahnhof karrten, wo ein Ersatzzug eingesetzt wurde. Bei all dem war es selbstverständlich, dass sich die Mitreisenden um den jungen Miroslav, der ja allein unterwegs war, kümmerten. Da herrschte eine unglaubliche Solidarität.

12.2.1969

Begründung des Einbürgerungsantrages

Die Nichte meiner Frau, Mutter unseres Adoptivsohnes Miroslav, war 3 Jahre alt, als sie nach dem Tode Ihrer Mutter,1927 Vollwaise wurde.Sie lebte bei uns bis 1944, die letzten 5 Jahre in Bautzen, Sachsen.

So kam es, daß ihr Sohn schon als Kleinkind auch bei uns war, da damals die wirtsch Lage seiner Eltern in Jugoslawien nicht besonders gut gewesen ist. Er lebte sich hier sehr gut ein und hat den Wunsch, ständig hier zu leben.

Wir selbst haben keine Kinder. Er ist Erbe nach unserem Tode und hat damit eine solide Grundlage für sein weiteres Fortkommen. Um nicht ewig als Fremder hier leben zu müßen, ist die deutsche Staatsangehörigkeit Voraussetzung. Auch wegen dem Militärdienst, denn sonst müßte er dies in Jugoslawien ableisten, wo er eigentlich ein Fremder ist.

Wir hoffen, daß einer Einbürgerung keine Hindernisse entgegenstehen.

Einbürgerungsantrag von Fritz Nemec

Als ich 1972 am Salzburger Mozarteum begann, hatte ich noch meinen jugoslawischen Pass – er war bezeichnenderweise rot. Und genauso haben die Grenzer reagiert. Wie auf ein rotes Tuch. Außerdem brauchte ich ein Visum, das jeweils auf ein halbes Jahr begrenzt war, wir also häufig auf das immer überfülle Konsulat nach München mussten, wenn auch nicht so oft, wie ich es in meinen Entschuldigungen für mein Fehlen in der Schule vorgetäuscht hatte.

„Dieser Zirkus muss ein Ende haben", beschlossen Fritz und Vinka. „Wir werden dich adoptieren und für dich die deutsche Staatsbürgerschaft beantragen."

„Mein Junge, hast du dir das gut überlegt, deine Nationalität, deine Heimat aufzugeben?", fragte mich ein schnauzbärtiger Konsulatsbeamter in Uniform mit sehr ernster Miene. Als ich das bejahte, schien er fast persönlich beleidigt und enttäuscht zu sein, haute den Annullierungsstempel in den Pass und warf ihn mir verächtlich hin. „Jetzt bist du raus aus deinem Vaterland!"

Es waren vier Stempelschläge

In diesem Moment fühlte ich mich einsam und ausgeschlossen. Es war ein beschämendes Gefühl. Trotzdem wusste ich, es war richtig, denn in dieser Situation kamen die Schrecken meiner Kindheit wieder hoch. Ich hatte ja schon sehr früh einen Pass. Das bedeutete, dass man weggehen konnte, ins Ausland fahren. Wurde er einem aber entzogen, fühlte man sich wie im Gefängnis. Ich weiß noch, wie Baba mit mir ins Außenministerium in Zagreb ging, um eine Ausreisegenehmigung zu bekommen. Ich habe noch heute die muffigen, dunklen Korridore mit den gebohnerten Parkettböden in der Nase. Sehe noch die hohen Türen vor mir. Es gehörte zu den Demütigungen dieses Systems, einen warten – und zittern – zu lassen. Kam man endlich dran, wurde man durch vorgetäuschte Freundlichkeit womöglich dazu verleitet, die Wahrheit zu sagen, was aber möglicherweise gefährlich werden konnte. Denn man wollte ja aus dem Land raus und dieses Ansinnen sollte klugerweise keine allzu große Euphorie beinhalten. Man musste quasi so tun, als wollte man gar nicht weg. Sonst riskierte man eine Absage.

Und diese Flut von Formularen, die kein Mensch verstand. Man wurde zu neuen Terminen verdonnert. Würde es diesmal klappen? Diese Gänge entfachten eine Urangst vor der ungebremsten Macht des Staates, personifiziert durch kleine, lächerliche, aber doch so gefährliche Beamte in Uniform. Die Angst wurde so groß, dass man gar nicht daran dachte, es mal mit Bestechung zu versuchen. All das fiel mir wieder ein, als ich den Annulierungsstempel in meinen jugoslawischen Pass gehauen bekam.

Nachdem ich den jugoslawischen Pass abgegeben hatte und auf den deutschen wartete, war ich offiziell staatenlos und bekam einen Staatenlosen-Ausweis. Da ich in Bayern lebte,

aber in Österreich studierte, gab es jeden Morgen am Grenz-
übergang die gleiche Prozedur.

„Wo fahren Sie hin?"
„Nach Salzburg."
„Was machen Sie da?"
„Ich studiere."
„Wo?"
„Am Mozarteum."
„Wo kommen Sie her?"
„Aus Freilassing."
„Wo wohnen Sie?"
„In Freilassing."
„Und der Pass?"
„Staatenlos." Es klang wie heimatlos.
„Fahren Sie bitte zur Seite."

Das ging über zehn Monate so und mir entsetzlich auf die
Nerven, bis ich endlich den grünen Pass der BRD bekam.
Heute ist der ja auch wieder rot. Das war für mich, als er in
der EU eingeführt wurde, ein unangenehmes Déjà-vu.

Einen Vorteil hatten aber diese Umstände: Ich entkam dem
Wehrdienst. Denn genau zu dieser Zeit wurde gemustert,
in Jugoslawien wie in Deutschland. Alle meine Freilassinger
Freunde bekamen ihre Einberufungsbescheide, manche gingen dagegen vor, nahmen sich einen Anwalt oder schoben
Krankheiten oder Plattfüße vor. Damals konnte man den Militärdienst nicht einfach verweigern, sondern musste die Ver-
weigerung begründen. Viele sind nach Berlin gegangen, um
dem Wehrdienst zu entgehen, denn Berlin hatte einen Sonderstatus und man konnte dort nicht eingezogen werden.

Ich mit meinem Staatenlosen-Pass war aus den Musterungsunterlagen Jugoslawiens gestrichen und in den deutschen noch nicht erfasst. Danach studierte ich im Ausland, also in Österreich und in der Schweiz. Als ich aber mit 23 nach Köln in mein erstes Engagement kam, hatte ich manchmal Schiss, doch noch eingezogen zu werden. Ich habe natürlich nie nachgefragt, ob ich denn registriert wäre und so habe ich Zeit gespart und war mit meinem Studium eineinhalb Jahre früher fertig!

Neben der neuen Nationalität brachte mir meine Adoption auch einen neuen Namen ein. Von nun an hieß ich offiziell Nemec-Strkanec. Mein Vater hatte zwar zugestimmt, dass ich zur Ausbildung nach Deutschland ging, aber nun musste ich auch seinen Namen hinter den Bindestrich setzen. Das tat ihm weh. Vor allem, als man mich später im Fernsehen nur mit meinem neuen Nachnamen kannte. Mit dieser Adoption musste Papa sich fühlen, als sei ihm endgültig das Heft aus der Hand genommen worden. Er fügte sich in sein Schicksal. Doch rumort hat es immer in ihm.

Als Künstlernamen fürs Theater habe ich dann nur „Nemec" gewählt. Denn schon in der Schule und später bei Ämtern und offiziellen Stellen machte man aus Strkanec (man liest es: Schtrkanetz) alles Mögliche. Ich war ein Stricanek, Skrikanzl, Stranek, Strakanec, Strokanec. Nur nicht Strkanec. Da habe ich mir gedacht, für einen Künstlernamen ist das sinnlos und bin bei Nemec – bei dem das c auch wie tz gesprochen wird – geblieben. Denn diesen Namen kann man zumindest nur als Nemek, oder Nemetsch aussprechen. Aber das ist dann auch schon wurscht.

Unangenehmer war es, wenn man mich in Österreich zwar spielerisch, aber doch auch etwas verächtlich als „Tschusch" bezeichnete.

Der österreichisch-kroatische Kabarettist und Schauspieler Resetarits verwendet das Wort „Tschusch" in einem Sketch, in dem er in gebrochenem Slawendeutsch euphorisch davon erzählt, dass sein Sohn schon ein richtiger Österreicher sei. Er gehe mit den Österreichern zum Fußballspiel und rufe auch „Tschuschen raus!" und betont stolz „Mein Sohn, schon echte Ästerreicher!"

Ich habe versucht, herauszufinden, woher diese Verballhornung überhaupt kommt.

Es gibt eine plausible Deutung. Und zwar gab es in der „Krajina" Grenzposten, die Krajina, das ist die heutige Grenzlinie zwischen Bosnien und Kroatien. Sie war damals die Außengrenze des k.u.k.-Reiches und damit eine wichtige Verteidigungslinie gegen die Osmanen, also die Türken. Die Grenzposten, die sich in Hörweite zueinander befanden, wurden mit Österreichern, Kroaten und Serben besetzt, wobei die Kroaten und Serben sich nachts „Čuješ me?" (gesprochen: „tschujesch me") zugerufen haben, was soviel heißt wie „Hörst du mich?" Daraus haben die Österreicher „Tschuschen" gemacht, weil sie nachts wohl nur die beiden zischenden Laute vernommen haben.

SALZBURGER FESTSPIELE

VERTRAG

Zwischen dem Direktorium des Salzburger Festspielfonds einerseits und

~~Herrn~~ Miro Nemetc

(im folgenden kurz Mitwirkender genannt) andererseits, wird folgender Vertrag geschlossen.

§ 1

Der Mitwirkende verpflichtet sich, in der Zeit vom 18.7. bis 26.8.1973 im Rahmen der Salzburger Festspiele 1973 als Mitglied Bewegungschor mitzuwirken.

§ 2

Der Mitwirkende erhält pro ~~Vorstellung S~~ ---------------; ~~daher~~ eine Gesamtvergütung von S 8.000,- , in Worten Schilling achttausend .

In diesem Betrag sind auch die Aufenthaltskosten in Salzburg inbegriffen. In der Gesamtvergütung ist eine Entschädigung von S 50,- für jeden Probentag enthalten. Sollte der Mitwirkende durch Krankheit oder aus einem anderen von ihm ausgehenden Grund an der Erfüllung dieses Vertrages teilweise oder ganz verhindert sein, reduziert sich die obige Gesamtvergütung entsprechend.

§ 3

Aus Vorstellungen, die durch den Hörfunk übertragen werden, stehen dem Mitwirkenden keine neuerlichen Forderungen an den Festspielfonds zu.

§ 4

Der Mitwirkende ist insbesonders zu folgenden Leistungen verpflichtet

Mitwirkung im Bewegungschor "Rappresentatione" und "De temporum fine comoedi

§ 5

Der Mitwirkende verpflichtet sich, während der Dauer des Vertragsverhältnisses ohne Zustimmung der Direktion der Salzburger Festspiele an keinen anderen Veranstaltungen mitzuwirken. Der Mitwirkende verpflichtet sich weiters, während der Dauer des Vertrages in Salzburg-Stadt anwesend und jederzeit erreichbar zu sein, nur mit Zustimmung der Festspielleitung Salzburg zu verlassen und für jederzeite fernmündliche Erreichbarkeit Sorge zu tragen.

§ 6

Ärztlich bestätigte Krankheit und höhere Gewalt sind Grund zur Vertragsauflösung.

§ 7

Beide vertragsschließenden Teile unterwerfen sich bei Streitigkeiten, die aus diesem Vertrag entstehen, dem Bühnenschiedsgericht in Österreich sowie österreichischem Recht. Die Vertragsstrafe wird für beide Vertragsteile mit der Höhe der in diesem Vertrag vereinbarten Gesamtvergütung festgesetzt.
Die Geltendmachung eines allenfalls darüberhinausgehenden Schadens aus einer Vertragsverletzung bleibt beiden Vertragspartnern vorbehalten. Bei Nichtzuständigkeit des Bühnenschiedsgerichtes in Österreich wird für alle Streitfälle einvernehmlich als zuständiger Gerichtsstand die Stadt Salzburg bestimmt.

§ 8

Die Abgaben und sozialen Beiträge werden nach den Bestimmungen der diesbezüglichen österreichischen Gesetze bzw. des Doppelbesteuerungsabkommens mit dem Staate, in welchem sich der Wohnsitz des Mitwirkenden befindet, in Abzug gebracht. Der Mitwirkende wird an Proben- und Aufführungstagen versichert.

§ 9

Vorstehender Vertrag ist zweifach ausgefertigt, von beiden Teilen gelesen und durch eigenhändige Namensunterschrift vollzogen worden.

§ 10

Besondere Vereinbarungen:

_____
Unterschrift des Mitwirkenden

Direktion
der Salzburger Festspiele
Für das Direktorium

Salzburg , den 17.7.1973

Sieben Schilling waren 1 DM

124

13

Die entscheidende Wende

Ich hatte mich also entschlossen, auf meine Intuition vertrauend, das Musikstudium aufzugeben und nochmals einen neuen Weg einzuschlagen, obwohl ich noch gar nicht wusste, ob es überhaupt ein neuer Weg werden könnte. Schließlich hatte ich die Schauspielprüfung noch vor mir.

Als ich meiner Mutter bei einem ihrer Besuche in Freilassing im 1. Stock des Café Vogg meine Pläne, Schauspieler werden zu wollen, eröffnete, sagte sie nur: „Ja, Miro, mach' das. Dein Vater hat ja auch nie viel verdient." Das war ihr einziger Kommentar und durchaus positiv gemeint. Vinka und Fritz unterstützten mich großzügigerweise auch in meinem Vorhaben.

Café Vogg, 1. Stock
Zukunftsgespräch mit meiner Mutter

Also stürzte ich mich in die Vorbereitungen für die Aufnahmeprüfung. Verlangt wurde eine klassische Rolle, eine Komödie, eine moderne Rolle, und man sollte etwas singen bzw. eine eigen entwickelte Szene spielen. Da ich damals noch keine Ahnung von Theater-Literatur hatte, kaufte ich mir einen Schauspielführer und las die Inhaltsangaben der Stücke aus den jeweiligen Epochen. Wenn mich die Geschichte eines Stücks interessierte und mir eine Rolle darin gefiel, kaufte ich mir das entsprechende Reclam-Heft. Dieses Heft habe ich dann im Schnellverfahren durchgeblättert, mir längere Textpassagen dieser Figur, also die Monologe mit einem Stift markiert und sie anschließend genauer durchgelesen. Wenn sie mich berührten, habe ich sie auswendig gelernt. Indem ich also nur die notwendigsten Passagen gelesen habe – selten das ganze Reclamheft – betrieb ich den Start in mein neu geplantes Leben sehr ökonomisch.

Ich lernte „Scapins Schelmenstreiche" von Molière, Büchners „Dantons Tod", „Der Privatsekretär" von T.S. Eliot und studierte mit Gitarre die herrlich makabre Moritat „Der Tantenmörder" von Frank Wedekind ein. Molière war lustig, spielerisch, ich konnte meine körperlichen Ausdrucksmittel nutzen. Eliot war etwas Kopflastiges, das konnte man im Sitzen spielen und dabei das Denken zeigen. Büchner war die Art Revolutionsdrama, die mich damals beflügelte. Freiheit, Gleichheit, Brüderlichkeit. Aus Dantons Tod habe ich mir eine Rolle ausgesucht, in der jemand versucht, die anderen zu einer Revolution anzustacheln, damit glaubte ich, überzeugen zu können.

```
NEMEC-STRKANEC Miroslav          Nr. 7
=========================================

15.00 Uhr   Zimmer   4    Sprechtechnik
15.30         "       1    Gymnastik
16.30         "       6    Rolle
```

Aufnahmeprüfung Zürich

Ende 1973 war es so weit. Hätte ich damals gewusst, wie hart die Aufnahmebedingungen sind, wäre mir vor Angst das Herz in die Hose gerutscht. Von 400 bis 500 Bewerbern werden in Zürich rund 100 zur Haupteignungsprüfung zugelassen, höchstens 27 schaffen es dann ins erste Jahr. Im zweiten Jahr sind es nur noch 14, aufgeteilt in Schauspiel, Regie und Theaterpädagogik. Im dritten Jahr bleiben in der Schauspielabteilung sieben übrig, von denen sechs engagiert werden und einer hoppelt frei in der Gegend rum. Nach fünf Jahren sind's noch zwei, die mal abgeschlossen haben und am Theater bleiben. So die Faustregel. Doch ich Ahnungsloser trat an wie Parzival, der reine Tor – und wurde genommen!

Herrn
Miroslav NEMEC-STRKANEC
Gablonzerstr. 7

A-8228   FREILASSING

Zürich, 18. Februar 1974

Lieber Herr Nemec,

wir bestätigen Ihnen, dass Sie die Eignungsprüfung vom
16. Februar 1974 mit Erfolg bestanden haben. Sie sind somit
für ein Jahr in die Allgemeine Abteilung aufgenommen. Ohne
gegenteiligen Bescheid Ihrerseits erwarten wir Sie also am
Dienstag dem 23. April, um 10.00 Uhr, in unserer Schule.

Mit den besten Wünschen und freundlichem Gruss

SCHAUSPIEL AKADEMIE ZÜRICH
Sekretariat

Im April 1974 trat ich mein Studium in Zürich an. Der erste deutliche Unterschied zu meinen Kommilitonen, der mir
auffiel, waren meine dürftigen Literaturkenntnisse. Das sollten sie auf keinen Fall merken. Deswegen begann ich jetzt
wie ein Besessener zu lesen. Reclamhefte – jetzt ganz –möglichst täglich ein Theaterstück. Ich versuchte mich an den
Existentialisten wie Camus und Sartre. Ich lernte Ehrfurcht
vor den so unglaublich verschachtelten Sätzen Heinrich von

Kleists, meinem absoluten Favoriten der deutschen Klassiker. Goethe lag mir weniger, obwohl ich mich durch Faust I und II mehr als einmal durchgequält habe, ohne ihn wirklich zu verstehen. Das kam erst später – vielleicht. Schiller begriff ich mit dem Herzen. Er war rebellisch.

Und ich entdeckte meine Liebe zu den Theaterstücken des Österreichers Ödön von Horváth, die bis heute ungemindert anhält und dessen Romanen „Jugend ohne Gott" und „Der ewige Spießer", die mich aufgewühlt, beschäftigt und nachhaltig geprägt haben. Sie haben den kämpferischen Aspekt in mir verstärkt. „Nichts gibt einem so sehr das Gefühl der Unendlichkeit als wie die Dummheit" – so beginnt er seine „Geschichten aus dem Wienerwald". Und die Sprache seiner Dramen! Horváth gibt seinen Figuren, die ihre eigenen Sorgen und Nöte nur unzulänglich ausdrücken können, eine Kunstsprache und stilisiert damit ihre Sprachlosigkeit. Ein Bespiel aus seinem Stück „Glaube, Liebe, Hoffnung", wo der Schupo um eine Frau buhlt: „Sie erinnern mich nämlich. Besonders in Ihrer Gesamthaltung. An eine liebe Tote von mir." So wird aus der „Nicht-Sprache" eine Kunstform. Kroetz, Fassbinder und Sperr haben das später sehr erfolgreich fortgesetzt.

Ich lernte auch Arthur Schnitzler schätzen, der die Charaktere in seinen Komödien so elegant an der Analyse-Couch von Sigmund Freud entlang schrammen lässt. Und natürlich Johann Nepomuk Nestroy, dessen Komik so bewegend tragische Züge hat. Zwei meiner Lieblingssätze aus seinen Stücken beschreiben das: „Ich war so selig! Ich hab' gar nicht nachgezählt, im wievielten Himmel dass ich war", und „Ja, wenn ich so z'amgestaperlt (aufgedonnert) bin, da gebe ich eine starke Anmahnung an den verstorbenen Adonis."

Und schließlich Karl Kraus, dessen unbestechlich schönes Deutsch, gepaart mit analytischem Verstand, zum Beispiel in „Die letzten Tage der Menschheit" mein Gefühl für Sprache geschliffen und in Hochachtung versetzt haben. Zitate: „Er hatte so eine Art, sich in den Hintergrund zu drängen, dass es allgemein Ärgernis erregte", oder „Wenn die Sonne der Kultur niedrig steht, werfen selbst Zwerge lange Schatten."

Auch wenn ich im Laufe meines ersten Studienjahres in Zürich gute Bekannte gewonnen hatte, fühlte ich mich doch sehr auf mich selbst zurückgeworfen. Da sich meine sexuellen Eskapaden in der Schweiz nicht fortsetzen ließen, vielleicht dachte ich jetzt tatsächlich zu sehr mit dem „oberen Kopf", stürzte ich mich als Ersatz in die Literatur. Die Stadt Zürich hat mir das Lesen auch ein bisschen erleichtert. Mein erster Vermieter beschrieb die Stadt in seinem „Züridütsch" als „e chli bünzli", was auf Deutsch heißt „ein bisschen spießig". Das heißt, es war nicht viel los, das Nachtleben überschaubar, also es blieb viel Zeit übrig, um meine Literaturkenntnisse voranzutreiben.

Was mich an der Schweiz beeindruckte, war das Understatement. Die meisten beherrschten drei Sprachen, waren wohlhabend und gebildet, doch sie haben es nicht so raushängen lassen. Mir war das damals fremd, denn in Jugoslawien war es genau umgekehrt. Was man hat, zeigt man. In der Schweiz gab es ein beinahe aristokratisch anmutendes Nationalitätsbewusstsein. Besonders erstrebenswert fand ich ihr überliefertes Demokratieverständnis, das Wählen per Handheben, bei dem das Volk noch direkt Entscheidungen traf, während in Jugoslawien die Wahlgewinner künstlich auf 98 Prozent hochgeschraubt wurden, was ohnehin niemand ernst nahm. Andererseits gab es zu dieser Zeit in manchen Schweizer Kantonen noch kein Frauenwahlrecht.

130

Und dann die Landschaft: ähnlich der Modelleisenbahnanlage im Dachgeschoss des Kinobesitzers Wolf in Salzburg. Grün, schneebedeckte Berge, saubere Straßen und Vorgärten, alles wie geleckt.

Es fühlte sich auch alles enger an als in Deutschland. Es war noch reicher, noch gepflegter, und die Menschen noch weniger zugänglich. An der Schauspielschule herrschte ein strenges Regiment. Es gab Anwesenheitspflicht und einen genau geregelten Stundenplan. Und man pflegte eine bestimmte Haltung zum Schauspielberuf, auch Berufsethos genannt.

In unserem ersten Semester gab es einen Vorfall: Eine junge, hübsche Kommilitonin aus Basel war an einem Samstagabend mit den älteren Jahrgängen der Akademie im „Niederdorf", also in der Züricher Kneipenmeile unterwegs. Jemand von der Lehrerschaft hatte sie wohl rauchend und betrunken auf der Straße herumtorkeln sehen, vielleicht wurde auch gelacht oder zu laut gekreischt. Jedenfalls am Montagmorgen wurden wir in der Akademie an der „Winkelwiese" in den großen Vorsprechraum zitiert. Alle Jahrgänge plus Lehrerschaft. Wir waren so um die fünfundvierzig Schüler und der Schauspieldirektor sagte, ihm sei zu Ohren gekommen, diese junge Frau hätte am Wochenende die Schule in Verruf gebracht. Der Tenor war: „Wir hier bilden euch für einen Beruf aus, in dem ihr im gesellschaftlichen Mittelpunkt stehen werdet, und wir erwarten, dass ihr euch so verhaltet, dass ihr dem Ruf der Schule nicht schadet und so, dass wir den Eindruck bekommen, dass ihr auch später den Beruf so ausfüllt, wie wir ihn empfinden, nämlich als ehrenhaft!" Der jungen Frau wurde angedroht, sie bei einem nochmaligen Vorfall von der Schule zu werfen. Es waren alle geladen worden, um dieser Haltung Nachdruck zu verleihen. Ich war überrascht und entschloss mich, diese Regeln zu akzeptieren, da ich den Eindruck hatte, auf dem Weg zu sein, in einen Club aufgenommen zu werden, in dem es sich lohnt, Mitglied zu sein. Irgendwie erinnerte es mich an meinen Pioniereid und es gefiel mir, mich zu einer Haltung zu bekennen.

Die Akademie hatte aber nicht nur ethische, sondern auch fachlich hohe Erwartungen an ihre Studenten. Sprachlich hatte ich naturgegebenermaßen Schwierigkeiten, mir das rollende „r", das mich sowohl als Slawen als auch als Bayern auswies, abzutrainieren. Der Vorteil in der Schweiz war, dass alle ein gutes Deutsch lernen mussten. In Hannover wäre ich vermutlich der Einzige mit diesem Problem gewesen, was sicher zu Verunsicherungen geführt hätte. So aber war ich einer unter vielen.

Als ich nach dem ersten Semester 1974 von Zürich nach Freilassing trampte, erlebte ich folgendes: Der erste Autofahrer, der mich mitnahm, war naturgemäß ein Schweizer. Wir unterhielten uns, und er fragte mich: „Sie haben so einen Ostakzent. Kommen Sie von dort?" Das hat mich ziemlich geärgert. Dann hat sich ein Österreicher meiner erbarmt. Wir plauderten. Und er meinte: „Sind Sie Schweizer?" Mein Kamm schwoll. Schließlich hatte ich noch das Glück eines dritten Chauffeurs in Deutschland, und der fragte tatsächlich: „Sind Sie Österreicher?" Das war der Gnadenschuss. Und ich dachte, jetzt war die ganze „Sprecherziehung" in Zürich für die Katz. Und als Krönung irritierten meine Freunde in Freilassing mich noch mit dem Satz: „Was red'st denn so komisch daher?" Solche Geschichten, die in Variationen immer wieder passierten, haben mich dann schon mal runter gezogen und mir bewusst gemacht, dass ich trotz intensiver Bemühungen noch immer kein perfektes Hochdeutsch spreche.

Mein erstes Zimmer in Zürich hatte ich in der Wohnung eines befreundeten Pärchens. Dazu eine Geschichte, die meine Blauäugigkeit in finanziellen Dingen dokumentiert. Ich war die zwei Sommermonate in den Semesterferien nicht in der Stadt und fand es daher angemessen, nur die Hälfte für mein Zimmer zu bezahlen: „Weißt Du, ich bin nicht da, also zahl' ich weniger." Diese Logik erschloss sich meinem Vermieter allerdings nicht.

Nach den zwei Sommermonaten kam meine Familie, also meine Eltern mit meinem Cousin Branko und seiner Mutter, der Schwester meines Vaters nach Zürich zu Besuch. Branko fuhr einen Renault 4, der voll beladen war, bis unters Dach, unter anderem mit getrocknetem Stockfisch, eine von Mutters Spezialitäten, allerdings recht geruchsintensiv (man musste ihn tagelang wässern), einem halben Jungschwein und eigener Bettwäsche. Geschlafen wurde überall, sogar unter dem Schreibtisch des Vermieters. Dieser Platz war meinem Vater zugeteilt und er beschwerte sich jeden Morgen bei mir, der Vermieter hätte zum Lesen nachts seine Schreibtischlampe angeknipst. Ich versuchte ihm zu erklären, dass wir Gäste sind, und ich eigentlich nur ein Zimmer, und nicht die ganze Wohnung gemietet hatte. Sie blieben drei Wochen, und es war nur den Kochkünsten meiner Mutter zu verdanken, dass der Hausfrieden aufrecht erhalten blieb.

Eines Tages, wir machten einen Ausflug mit dem Renault 4 meines Cousins, kam uns ein Auto mit dem Kennzeichen „ZG" entgegen. Das Nummernschild für Zagreb hat ein „ZG". Mein Vater setzte schon seine Brille zurecht. Nach dem dritten entgegenkommenden ZG, rief er aufgeregt: „Hup' mal, Branko, hup' mal, da ist schon wieder einer aus Zagreb!". Wir fuhren durch den Schweizer Kanton Zug, der auch das ZG im

Nummerschild führt. Wir haben so gebrüllt vor Lachen, dass Branko zur Seite fahren musste. Mein Vater war wieder ein bisschen beleidigt. „Immer auf meine Kosten!", sagte er.

Mein zweites Zimmer bekam ich in einer Wohngemeinschaft. Es war eine heilsame WG-Erfahrung: Man kommt nach Hause, der Kühlschrank ist leer, weil irgendjemand alles weggefressen hat, auch die Lebensmittel, die man für sich selbst eingekauft hatte. Das Bad ist dreckig, man gerät sich in die Haare, wer mit dem Kloputzen dran ist, wer das Klopapier besorgt und wer den Müll rausbringen soll. Für mich war das alles neu. Weil ich während des Studiums in Salzburg bei Vinka und Fritz gewohnt hatte, meine Wäsche gewaschen und gebügelt wurde, mein Zimmer aufgeräumt und sauber und der Kühlschrank immer voll war. In Zürich musste ich nolens volens Selbstständigkeit lernen.

Während des Studiums bekam ich die Gelegenheit, eine Nebenrolle am Züricher Schauspielhaus zu übernehmen. Helmut Lohner spielte die Hauptrolle in Carl Zuckmayers Stück „Der Rattenfänger", ich spielte einen Taubstummen. Ich kam bewusst immer frühzeitig ins Theater, um zu beobachten, wie Lohner sich auf den Abend vorbereitete, mit welcher Gewissenhaftigkeit, Akribie und Disziplin:
Vor der Vorstellung ging er bei kargem Bühnenlicht seine Gänge ab und murmelte vor sich hin. Er kontrollierte damit noch einmal die Abläufe und seine Textsicherheit. Ein Rat für meine Zukunft, von einem unserer Lehrer an der Akademie, d.h. einem Schauspieler mit Berufserfahrung, blieb mir im Gedächtnis: „Wenn im Theater alle nett sind zu dir, stimmt was ned. Wenn's neidisch sind, hast a gute Position."
Mir wurde langsam klar, was mich da im Engagement erwarten würde.

Der tschechische Regisseur Ladislaw Smocek inszenierte im letzten Studienjahr Anton Tschechows „Drei Schwestern" mit unserer Abschlußklasse.

Zürich 1977, als „Oberstleutnant Werschinin"
in „Drei Schwestern" von Tschechow

Eine Kommilitonin – es war jene Frau, die mich an meinem ersten Studientag in Salzburger Mozarteum angesprochen hatte und die mein Leben so schicksalhaft beeinflusste – spielte den eher unsympathischen Part der Natalja, die als Empor-kömmling und Ehefrau des Bruders gegen die drei Schwestern intrigiert und gewinnt. „Du musst die Rolle so spielen, dass sie Recht hat", sagte der Regisseur zu ihr. Seine These brannte sich mir ins Gehirn. Ich erkannte, dass es darum geht, negative Rollen so zu spielen, dass sie subjektiv Recht haben, also fast sympathisch wirken, um die Bösartigkeit der Figur für den Zuschauer besser begreiflich zu machen. Aber vor allem, dass man seine Rolle nicht denunziert, also in die Pfanne haut, um sich selbst als Schauspieler dadurch beliebt zu machen. Eine weitere Einsicht zum Rollenspiel vermittelte mir Jahre später Martin Benrath am Residenztheater. Er sagte „Man muss so spielen, dass man nichts mehr weglassen kann." Tja, und daran arbeite ich bis heute.

Zürich war aber vor allem auch die Zeit der romantischen Liebe, jedenfalls so, wie ich sie mir damals eingebildet habe. Erst verliebte ich mich in eine Kommilitonin aus dem gleichen Jahrgang, eine sehr hübsche feminine Frau, deren Mutter Malerin war. Sie stammte aus Basel, wo wir sie oft besuchten, wodurch ich Land und Leute direkter kennen lernte. Wir fuhren auch gemeinsam zu meinen Eltern nach Kroatien. Sie war die erste Frau, die ich mit nach Hause brachte, und der Familie vorstellte.

In meinem letzten Studienjahr 1977 entflammte ich für eine Schauspielschülerin, die zwei Jahrgänge unter mir war. Zu jener Zeit suchte ich die ganz große Liebe, die sich erfüllen sollte mit Haut und Haar. Ich dachte sofort an Kinder und an eine Perspektive für das ganze Leben. Darunter wollte ich es nicht machen. Es waren glühende, empathische Jahre. Erst später habe ich gelernt, diese Emphase in meinem Beruf einzusetzen, nicht ausschließlich im Privaten. Damals lebte ich

eine Ausschließlichkeit, mit der man buchstäblich jemanden auffrisst. Ich war entsetzlich eifersüchtig und hatte Besitzansprüche. Ich konnte nicht damit leben, dass die Partnerin etwas allein unternimmt, eigene Interessen hat – all diese ungesunden Sachen, die eine Beziehung kaputt machen.
Bezeichnendes Beispiel: Eine Freundin meinte, wir bräuchten zwei Bettdecken, sie müsse einfach ihre eigene haben. Meine radikale Antwort: „Dann können wir uns ja gleich trennen." Die Aussage meinte ich ernst, sie war typisch für mich.

Viele junge Damen überzeugte diese „Ausschließlichkeit", die als Liebe getarnt daherkommt, bei der es sich aber ausschließlich um Egoismus handelt. Auf Dauer konnte das zu nichts Gutem führen. Eine Einsicht, die später hinzukam, als ich schon ein bisschen „aufgeklärter" war, hieß: „Die Irrtümer werden kürzer." Will heißen, dass ich eher bereit war, festzustellen, dass etwas nicht in Ordnung ist. Früher verbrachte ich unendlich viel Zeit damit, Beziehungen zu retten, künstlich zu verlängern, verzweifelt an sie zu glauben, mich damit zu quälen, sie am Leben zu erhalten und mich in diesem Schmerz zu suhlen. Obwohl ich wusste, dass es nicht mehr gehen kann.

Ich war damals absolut treu und verlangte auch Treue von der Partnerin. In meinem Egoismus bin ich allein deswegen treu geblieben, um das selbstverständlich auch von ihr verlangen zu können. Ich muss sehr anstrengend gewesen sein. Diese grausame Konsequenz legte sich. Gott sei Dank für mich und die Angebeteten. Es gibt einen Satz von Rolf Hochhuth, den er in seinem Stück „Der Stellvertreter" den Kardinal sagen lässt. Er lautet: „Entweder man lebt, oder man ist konsequent." Also fing ich an zu leben und das Konsequente blieb dem Beruf vorbehalten.

1977 hatte ich zur großen Zufriedenheit meiner ganzen Familie das Schauspieldiplom in der Tasche. Dazu fällt mir sofort der Text eines kroatischen Volksliedes ein. Es geht darin um einen Bauern, der mit dem Zug vom Land in die Stadt fährt, um auf dem Markt seine Waren zu verkaufen. Auf dem Rückweg zum Bahnhof ruft man ihm zu: „Janko, du musst dich beeilen, sonst verpasst du den Zug!" „Egal", sagt er, „ich hab doch die Zugfahrkarte in meiner Tasche." Das heißt, eine Zugfahrkarte zu haben, bedeutet noch lange nicht, dass man Zug fahren wird. Genauso kam ich mir mit meinem Schauspieldiplom vor. „Ist doch egal, ich habe ja mein Diplom in der Tasche." Aber das Diplom sagte nichts über meine berufliche Perspektive aus. Kein Mensch am Theater hat mich jemals nach dem Diplom gefragt, sondern nach dem, was ich beim Vorsprechen leiste, beurteilt. Das Diplom war also ein Beleg ohne größeren, praktischen Wert. Wohin würde mich die Reise führen?

14

Erste Bühnenjahre

Zum Glück wurde ich 1977 direkt von der Schauspielschule weg engagiert. Regisseure und Schauspieldirektoren verschiedener Bühnen kamen an die Akademie in Zürich, um sich den neuen Jahrgang anzusehen und einen damals noch in Fachkategorien eingeteilten „jugendliche Helden", eine „muntere Naive" (die hieß bei uns „muntere Debile"), einen „Naturburschen", (den nannten wir jugendlicher Heizer, weil er viel Kraft für sein Spiel einsetzen musste), oder eine „Salondame", für ihr jeweiliges Theater zu entdecken. Ich bekam fast zur gleichen Zeit ein Angebot von Graz und Köln. Da ich aber trotz meiner rebellischen Ader ein pflichtbewusster Mensch war, entschied ich mich für Graz, weil dieses Theater mir als erstes ein Engagement angeboten und ich zugesagt hatte.

Zusammen mit meiner Schweizer Freundin reiste ich also nach Graz, um vor Ort auch noch dem Intendanten vorzusprechen. Als wir ankamen, mussten wir uns erstmal ein Zimmer suchen für die Nacht. „Natürlich gibt's a Zimmer", sagte gleich die erste potentielle Vermieterin in schönstem steirischen Dialekt, „Wissen Sie, Graz ist ja eine tote Stadt, nur wenn Messe ist, gibt's a Problem." „Wo bin ich denn hier gelandet?", fragte ich mich. Zumal uns niemand sagen konnte, wo das Schauspieltheater ist, infolge dessen auch nicht, wie man hinkommt. Wie man zur Grazer Oper kam, wusste dagegen fast jeder. Sie galt und gilt als Kaderschmiede für die Staatsoper in Wien. Ich sprach also dem Intendanten Herrn

Dr. Hauer vor, der wusste, dass ich in Salzburg Musik studiert hatte. Er bat mich, meinen Solotext, also meinen Monolog, den ich vorbereitet hatte, und zwar war das Gretchens Bruder „Valentin", aus Goethes Faust I, nicht vorzu-„sprechen", sondern vorzu-„singen", und zwar in unterschiedlichen Musikrichtungen, also: Schlager, Rock, Pop, Oper, 12-Tontechnik oder als Schubert- und Hugo Wolf-Lieder Imitationen. Ich hatte diese Musikstile so gut im Ohr, dass meine Improvisation und Interpretation begeistert aufgenommen wurde und ich definitiv engagiert war.

Als ich dann im August 1977 mein Engagement in Graz antrat, begleitete mich meine Freundin, sie hatte noch Semesterferien, musste aber ein paar Tage später wieder zurück nach Zürich. Ich blieb allein in Graz. Die Folge war: Ich vermisste sie in den darauf folgenden Wochen so heftig, dass ich das Gefühl hatte: „Ich kann hier nicht bleiben, sonst bring' ich mich um". Ich war völlig „desperat", wie meine Mutter zu sagen pflegte, in meinem Liebesschmerz, hatte keine Orientierung mehr und stand total neben mir. Ich probte wie ferngesteuert. Damals begriff ich die Redewendung „außer sich sein". Ich war wirklich „außer mir". Ohne die Nähe dieser Frau erschien mir alles sinnlos.

Gleichzeitig begannen die Proben am Theater. Das Stück sollte für das österreichische Fernsehen aufgezeichnet werden. Auch für die kommende Spielzeit hatte man Pläne mit mir. Ich sollte Shakespeares Romeo spielen, aber all das erreichte mich nicht wirklich, ich befand mich in einem Aquarium. Während der Stückproben stehst du morgens auf, gehst zur Probe, gehst auf die Bühne. Menschen, Gefühle, Wiederholungen und immer steht unten jemand, der dir sagt, was du machen sollst. Du kommst nachmittags raus,

Sonne, gehst nach Hause und abends gehst du wieder ins Theater. Draußen herrscht wunderbares August-Wetter, und du gehst ununterbrochen in irgendein dunkles Loch hinein. „Das ist doch unerträglich. So was kann ich nicht ein Leben lang machen. Das geht einfach nicht." So war mein damaliger Zustand.

Graz liegt nur zweieinhalb Stunden von meiner Heimatstadt Zagreb entfernt. Als meine Eltern mitbekamen, in welcher Verfassung ich mich befand, kamen sie sofort zu mir. Sie wussten, dass ich in diesem Zustand nicht allein bleiben sollte. Ich hatte nur ein kleines Zimmer angemietet, etwas außerhalb der Stadt. Sehr spartanisch eingerichtet: zwei Sessel, ein Klappsofa, ein Tisch, ein Schrank. Meine Eltern entschieden sich, einige Tage zu bleiben. Mama und ich schliefen auf der Klapp-Couch. Für Papa hängten wir eine Schranktüre aus, legten sie auf die Sitzflächen der beiden Sessel und packten die Polster drauf. Meine Eltern waren einfach da. Es war wie vor 20 Jahren in unserer Garçonnière.

Nach drei Wochen Proben, ich war am Ende, reichte ich die Kündigung ein. Meine Adoptiveltern waren entsprechend entsetzt und traurig und kommentierten: „Jetzt ist er verrückt geworden, der Miroslav" und „das wird doch nie was." Und das alles wegen einer Frau!" Baba bemerkte noch trocken: „Andere Mütter haben auch schöne Töchter."

Ich war also außer mir – doch egal wie unkonventionell meine damalige Entscheidung auch war, sie entsprang einer so tiefen emotionalen Bewegung, dass ich eine unglaubliche Überzeugungskraft hatte. In so einer Situation kann man so entschlossen auf andere zugehen, dass sie sofort merken, sie haben dieser Entscheidung nichts mehr entgegenzusetzen.

VEREINIGTE BÜHNEN GRAZ STEIERMARK

Graz, 1977.08.30.

Der künstlerische Leiter
des Schauspielhauses

Nachrichtlich:
Hr.Dr.Carl Nemeth
Hr.Dr.Thomas Tarjan
Hr.Lorencic

Herrn
Miroslav N e m e c

im Hause

Sehr geehrter Herr Nemec!

Sie haben mich in der letzten Woche wiederholt und
dringlichst gebeten, Sie quasi noch vor Antritt Ihrer
zweijährigen vertraglichen Bindung an die Vereinigten
Bühnen Graz aus dieser Bindung zu entlassen, da Sie
den Beruf eines Schauspielers nicht ergreifen wollen.

Nach Rücksprache mit dem Intendanten Hr.Dr.Carl Nemeth
kann ich Ihnen heute mitteilen, daß die Intendanz der
Vereinigten Bühnen Graz, wenn auch zu ihrem großen
Bedauern, bereit ist, Sie aus dem Vertrag zu entlassen.
Eine Konventionalstrafe wird nicht fällig.

Es werden keinerlei Gagenbeträge an Sie ausbezahlt.

Mit Hr.Dir.Lorencic müssen Sie Ihre Wohnungsangelegenheiten
klären.

Mit guten Wünschen für Ihre Zukunft

grüßt freundlich Ihr

(Dr.Rainer Hauer)

A-8010 GRAZ   KAISER-JOSEF-PLATZ 10   OPERNHAUS TELEFON 76 4 51   SCHAUSPIELHAUS TELEFON 72 5 41
LANDES-HYPOTHEKENBANK STEIERMARK KTO. 410-00134   STEIERMÄRKISCHE SPARKASSE KTO. 0009-036567

142

Ich bin also rauf in die Intendanz und sagte: „Ich bin am kommenden Montag weg, ich zahle selbstverständlich die Konventionalstrafe! Bitte teilen Sie sie mir in Raten auf, damit ich meiner Verpflichtung besser nachkommen kann, aber am Montag bin ich weg!" Diese Entschlossenheit, die ich damals hatte, war eine grundsätzliche Erfahrung fürs Leben, denn ich spürte in diesem Moment keine Angst mehr. In meinem Renault 4 hatte ich eine Lieblingskassette und ich wusste, ich würde sie an diesem Montag morgen in den Rekorder schieben und mit Musik frohen Mutes nach Zürich fahren – und so war es dann auch.

Der Intendant, Rainer Hauer, nahm meine Kündigung an. Ohne Konventionalstrafe – obwohl ich meinen Vertrag nicht erfüllt hatte. Er sprach mit mir, ging auf mich ein, versuchte auch, mich zurückzuhalten und erklärte mir, dass das Theater Menschen wie mich, die große Emotionen und Zweifel haben, braucht.

Aber ich konnte und wollte nicht. Als er merkte, dass nichts mehr ging, schrieb er mir einen zu Herzen gehenden Brief, in dem er mich von meinen Pflichten entband und mir alles Gute für die Zukunft wünschte. Angeheftet war ein Zettel mit allen nötigen und möglichen Telefonnummern, falls mir doch einmal „das Dach auf den Kopf fiele" und ich mich eines anderen besänne. Das hatte Größe und Menschlichkeit, für die ich ihm heute noch dankbar bin.

Lieber Herr Nemec!
Hier einige Tel. nummern:
Maier, privat 373154
"   Schausp haus 72541
Schildknecht 317924
Fahrnländer 518794
Reinhard 348255
Oray 53508
Th. Schleppnik 317303
Th. Schönwiese 435084.

Bitte rufen Sie uns an,
wenn Ihnen das
Dach auf den Kopf
fallen sollte!
Ihr Rainer Maier

Ich ließ also das Theater sausen, ging mit wehenden Fahnen zurück nach Zürich – zu IHR!

Herbst 1954, mit meinen Eltern

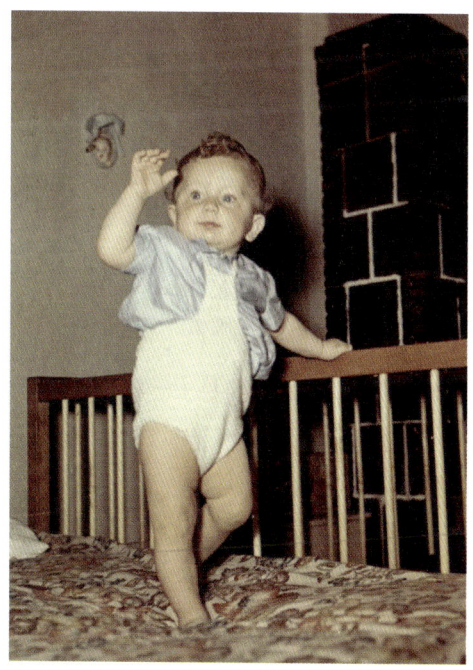

Einige Monate später

Unser Familiengrab in der Bucht von Punat auf dem Inselchen Košljun

Weihnachten
in Niederbayern

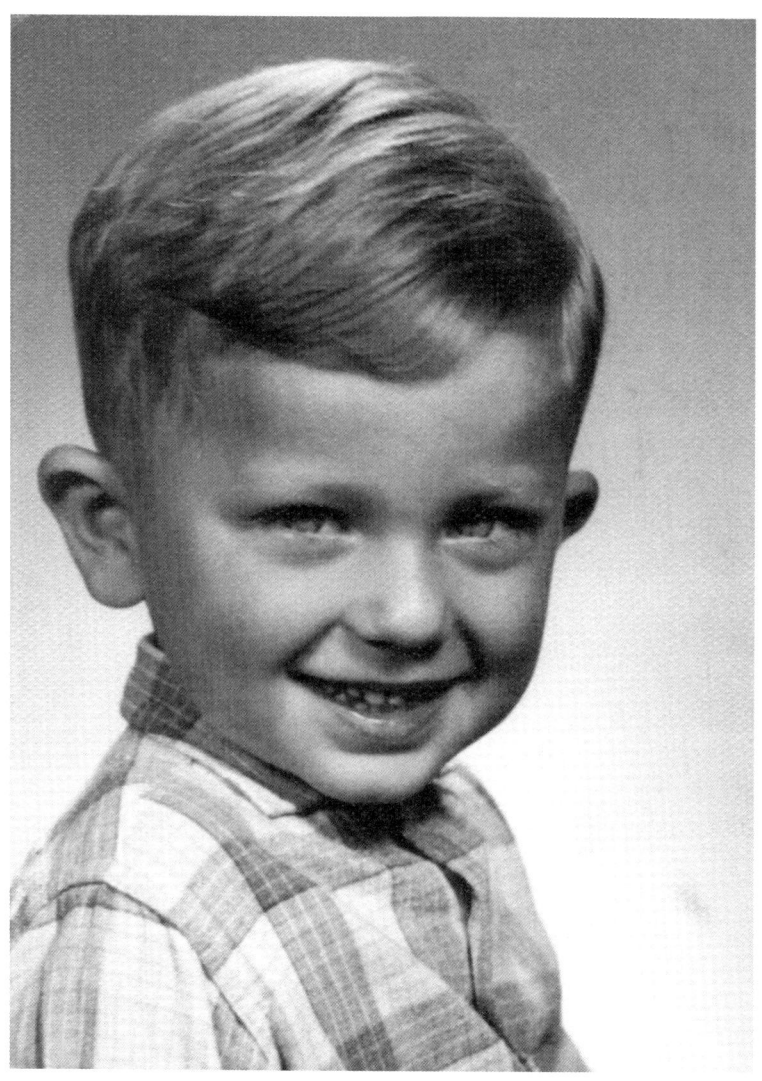

1958, in Freilassing

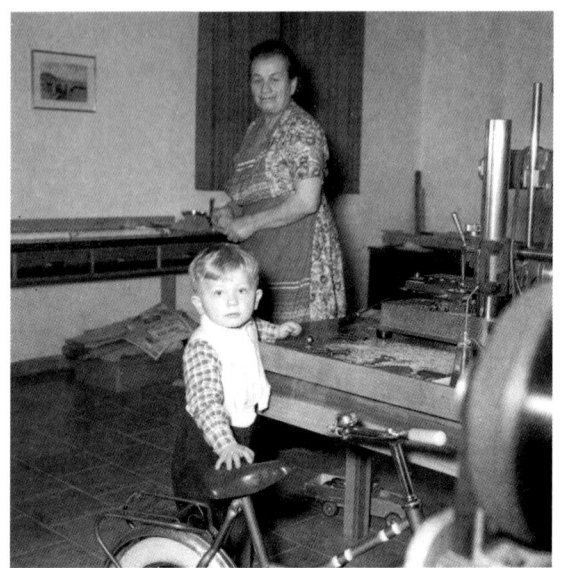

Mit Baba in der Werkstatt

Im Fasching 1959 wollte ich unbedingt Chinese sein

Klavierunterricht bei Frau Dollinger

Meine Mutter sagte immer „Miro ist sehr lebendig!" Die Nachbarn fanden mich wohl eher wild

Mein erster Schultag in Freilassing

Küche Opatija, das Kommunikationszentrum.
Von links: Nevenka, Mila, Baba

Mein Vater trinkt jedenfalls kein Wasser

Meine erste Freundin in Freilassing

Von links nach rechts: Mila, Nevenka, Miro, Mama,
Baba (sitzend) vor unserem Haus in Opatija

Mama und Papa in der Zagreber Küche

Besuch bei Papas Familie auf dem Land,
bei denen wir uns früher oft satt essen durften

Nach bestandener Schauspielprüfung in Zürich hatte ich
einen schweren Unfall. Das Auto hatte noch keine
Sicherheitsgurte, so hatte ich mir mein Kinn am Lenkrad
aufgeschlagen und musste genäht werden
Die zwei Narben sieht man noch heute

Meine Tanten waren bereit,
sich für mich in Pose zu werfen

Meine Eltern
So habe ich sie am liebsten in Erinnerung

Mama zu Besuch in Zürich

Im ersten Engagement in Graz

Nevenkas Leidenschaft

Nevenkas „Kuscheltier"

Geburtstagsfeier in der Zagreber Wohnung

Meine Lieblingstante Mila

Da war ich schon am Theater
und meine Tanten haben alle Zeitungsartikel gesammelt

Hier sind meine bei-
den Elternpaare am
Tisch vereint, aber
Stimmung kommt ir-
gendwie keine auf

Baba: So schaute sie mich an,
wenn sie ernsthaft mit mir reden wollte, über Frauen oder Geld

Papa und ich, Jahre nach Mamas Tod, entspannt am Meer

Sie wohnte zu der Zeit in Untermiete bei einer Freundin. Diese Freundin erlaubte auch mir, dort zu wohnen und da ich kein Geld hatte, musste ich dafür ihre drei Katzen versorgen, einkaufen gehen, putzen und bügeln. Das tat ich so lange, bis ich eine Arbeit gefunden hatte, die natürlich nur illegal sein konnte, weil ich ja keine Arbeitserlaubnis für die Schweiz hatte. Bis dahin verbrachte ich viel Zeit in dieser Wohnung. Ich musste mir sogar das Geld für die Straßenbahn von meiner Freundin leihen, um zur Arbeitssuche in die Stadt zu fahren.

Es war an der Zeit Geld zu verdienen, denn die finanzielle Unterstützung meiner Adoptiveltern aus Freilassing war nach dieser Eskapade endgültig versiegt. Ich fand Arbeit bei einem italienischen Malermeister, der den Auftrag hatte, ein Café zu renovieren. Dort beizte ich Wände mit Salmiak ab. Während ich die Wände abbeizte, lief ständig das Radio. Es war die Zeit der Schleyer-Entführung 1977. Die Nachrichten überschlugen sich. Was ich damals nicht ahnte: Drei Monate später würde ich selbst in Köln sein!

Mitten im Salmiakgeruch hatte ich eines Tages das Gefühl, nach zwei absolvierten Studien sollte ich nicht gerade als Schwarzarbeiter enden, sondern mich vielleicht doch wieder einmal um ein Theaterengagement bemühen. Also bewarb ich mich an unterschiedlichen Theatern und ging dann zum Vorsprechen nach Tübingen, Göttingen und Oldenburg. Diese Vorsprechsituationen fand ich immer grässlich. Man steht auf der Bühne, es ist hell. Unten ist es dunkel. Da sitzen irgendwelche Damen und Herren und man hört diese anonymen, gesichtslosen Stimmen.

„Was haben Sie denn drauf, was wollen Sie uns vorspielen? Fangen Sie einfach an!"

„Haben Sie auch etwas Lustiges im Gepäck?"

„Danke, das genügt. Wir geben Bescheid."

Einmal hieß es: „Schade, so einen Typ wie Sie haben wir schon. Er kann sich nur nicht so gut bewegen."

Oder, ganz banal: „Ach so, Sie sind braunhaarig, wir brauchen einen Schwarzhaarigen."

15

Köln, und ein Dachdecker aus Essen

Nachdem mich meine Züricher Situation als Hausfrau und Malerazubi nicht mehr erfüllte, und ich mich entschlossen hatte, wieder auf Engagementsuche zu gehen, ereilte mich im November 1977 nach dem Vorsprechen in Oldenburg ein Anruf von den „Bühnen der Stadt Köln". Man teilte mir bei diesem Telefonat mit, dass der junge Kollege, der damals in Köln statt meiner engagiert wurde, gekündigt habe (so wie ich in Graz), und ob ich denn gerade frei wäre (Hier fällt mir mal wieder auf, wie oft mir das Schicksal unter die Flügel gegriffen hat). Ich sagte spontan zu und kam im Dezember 1977 ans Schauspielhaus Köln. Es war mein erstes richtiges Engagement. Der Intendant war Hans Günther Heyme und Roberto Ciulli sein Schauspieldirektor. Später übernahm Jürgen Flimm das Haus. Zu dieser Zeit hatte das Kölner Schauspielhaus einen exzellenten Ruf – und ich also richtig Schwein. Ab da ging es los, auf den Brettern, die die Welt bedeuteten. Die darauf folgenden zehn Jahre spielte ich ausschließlich Theater – und zwar mit Begeisterung.

Vom biederen Zürich mit einem kurzen Zwischenspiel in Graz ins rheinisch-fröhliche Milieu zu kommen, war natürlich eine Umstellung. Auch privat. Meine Züricher Freundin hatte mich verlassen und sich in einen Schauspiellehrer verliebt, einen älteren Herrn, was ich damals (natürlich anders als heute) überhaupt nicht verstehen konnte, sondern einfach nur scheiße und ungerecht fand. Ich litt entsprechend.

Ich versuchte, mich mit Affären zu trösten. Das gelang nicht. Ich war wieder wie betäubt. Doch das sollte sich zum Glück bald ändern. Ein paar Monate später verliebte ich mich in eine junge Pantomimin. Sie trennte sich meinetwegen von ihrem Freund. Einerseits war ich glücklich und stolz, sie gewonnen zu haben, andererseits hatte ich ein schlechtes Gewissen, dass ein Anderer wegen mir leiden musste. Denn an diesen Schmerz konnte ich mich aus eigener, zeitnaher Erfahrung nur zu gut erinnern.

Das legendäre rheinische Naturell lernte ich erst richtig kennen, als ich meinen ersten Karneval erlebte. Die äußeren Zeichen dieser tief verwurzelten Tradition haben mich zunächst etwas erschreckt. Alle Schaufenster entlang des Rosenmontagszuges waren mit Brettern vernagelt. Die U-Bahn Ein- und Ausgänge ebenfalls, bis auf ein kleines Eingangsloch. Der Ausnahmezustand! Dazu zwei kleine Begebenheiten, die mir in Erinnerung bleiben werden: Ich stand an „Weiberfastnacht", dem Donnerstag vor Rosenmontag, in meiner Bank, in der Nähe des Theaters, um Geld abzuheben, neben mir ein Amerikaner. Plötzlich stürmte eine Frau herein, nahm sich seine ordentlich geknotete Krawatte vor, schnitt sie kurzerhand mit einer Schere in der Mitte ab und sauste aus der Bank hinaus. Der Amerikaner war völlig perplex. Ich allerdings auch, weil ich diesen Brauch noch nicht kannte.

Ja, und auf der Straße gings auch schon ziemlich „feucht" zu. Ich beobachtete einen angetrunkenen Japaner, der verzweifelt einen Postkasten für seine Ansichtskarten suchte und auch fand. Er steckte die Karten einfach in den Nachttresorschlitz einer Bank. Ich denke mal, die Leute von der Bank werden sie schon weitergeleitet haben.

Nach meinem anfänglichen privaten Tief begann ich mich im Rheinland heimisch zu fühlen. Die Menschen waren unglaublich offen und kommunikativ. Und wie immer, egal ob in Salzburg, Zürich oder Graz, kamen meine Eltern zu Besuch. Papa war vorzeitig in Rente gegangen und so konnten sie bleiben, so lange sie wollten.

Von der ersten Kölner Gage konnte ich ihnen jetzt sogar einen Flug bezahlen, denn Zagreb-Köln war die bis dahin größte Entfernung von zu Hause.

Ich war mit in die Wohnung meiner damaligen Freundin, der Pantomimin und Tänzerin eingezogen. Es gab nur ein Zimmer, Küche, Bad. Die Eltern mussten in der Küche schlafen. Auf ausgeliehenen Campingliegen. Woran erinnerte das wieder? An meine Kindheit in Zagreb. Und vielleicht genau deshalb fühlten sich meine Eltern besonders wohl in der Wohnung, aber auch in unserem Stadtteil. Wir wohnten in der Südstadt am Chlodwigplatz. Damals wie heute ein Szeneviertel mit sehr vielen türkischen Geschäften, wo Papa einkaufen ging, und sich mit Händen und Füßen mit den türkischen Händlern verständigte.

„Meine Eltern kommen zu Besuch!", erzählte ich meinen Kollegen am Theater.

„Oh ja, wie lange bleiben sie denn?"
„Ich weiß nicht … so einige Zeit. Vielleicht sechs Wochen, oder so"
„Sechs Wochen?! Wo wohnen sie denn?"
„Naja, bei mir natürlich!"
„Bei dir?! Sechs Wochen?!"

Aber es klappte wie immer problemlos. Mama kochte, Papa ging einkaufen, ich probte und hatte fast jeden Abend Vorstellung. Die Eltern kamen mit ins Theater, in die Kantine, in die Kneipen. Das machte ihnen einen Riesenspaß. Mama unterhielt sich gerne. Papa hat nach einem Glas Wein den üblichen Blödsinn gemacht. Er quatschte jeden auf Kroatisch an und drängte mich, doch endlich zu übersetzen. Er konnte ja kein Deutsch. Es sprach sich unter den Kollegen herum, dass in unserer winzigen Wohnung gut gekocht wurde, fröhlich getrunken und auch geraucht werden durfte. Das ging so weit, dass sich die Kollegen fast turnusmäßig die Klinke in die Hand gaben, Stühle mitbrachten und riesengroßes Staunen, dass man mit fast nichts in der überfüllten Küche das einfache Leben (wieder-)entdecken konnte. Die Nächte wurden lang. Selbst die Zweifler, die anfangs einen langen Aufenthalt der Eltern in einer Katastrophe münden sahen, genossen die Atmosphäre bei uns. Vor drei Uhr morgens war selten Schluss.

Auch meine Freundin, die mit fünf Schwestern aufgewachsen war, hatte starke Nerven, was familiäre Belastungen und Wohnsituationen betraf. Erst nachdem meine Eltern sieben Wochen bei uns wohnten, hat sie sich entschlossen, für ein paar Tage zu ihrer Familie ins Bergische Land zu fahren.

Zehn Wochen nach ihrer Ankunft reisten meine Eltern ab. Auf dem Flughafen erfuhren wir, dass die Maschine der jugoslawischen Fluggesellschaft „YAT" ausgefallen war und sie mit der Lufthansa fliegen mussten. Mein Vater kommentierte: „Es ist sowieso besser, wir fliegen mit Hansaplast!" Den Namen kannte er natürlich von den Heftpflastern. Es gab ein Riesengelächter. Papa war wieder etwas eingeschnappt.

Nach ihrer Ankunft in Kroatien schrieb meine Mutter: „Wir können nicht mehr vor zwei Uhr morgens ins Bett, wir haben uns so an den Rhythmus bei dir in Köln gewöhnt." Sie hatten damals noch kein Telefon. Es war zwar beantragt, aber die Leitungen in der Zagreber Innenstadt waren alle überbelegt. Meine Eltern haben insgesamt zwanzig Jahre lang auf ihren Telefonanschluss gewartet, den sie sich dann mit den Nachbarn über uns teilten.

Ein Jahr später gaben meine Freundin und ich die Wohnung am Chlodwigplatz auf. Ich rief den Besitzer an und meldete mich in meinem besten Bühnendeutsch: „Mein Name ist Miroslav Nemec. Ich bin ein Freund Ihrer Mieterin und werde die Wohnung übergeben, sobald wir sie gestrichen haben." Darauf telefonierte er mit meiner Freundin und nölte sie an: „Fräulein, wenn Sie die Wohnung übergeben, kommen Sie bitte selbst und schicken Sie mir nicht den Türken Mechmet!" „So ein Rassist!", dachte ich. Ich sprach doch in dieser Zeit schon perfekt Hochdeutsch. Von diesem Tag an nannte mich mein Freund und Kollege Erich Hallhuber ‚Türke'.

In Köln fing ich an, mich ernsthaft für den Schauspielberuf zu interessieren. Damals in Graz beherrschte mich mein Liebeskummer so sehr, dass ich gar kein Gefühl dafür entwickeln konnte, was es heißt, sich ein Stück zu erarbeiten. Doch hier in Köln bekam ich Spaß daran, in eine Rolle hineinzuwachsen, Inhalte zu transportieren, mich auf der Bühne auszuprobieren. Es dauerte, bis mir richtig bewusst wurde, was ich da eigentlich mache. Schien mir die Bühne in Graz eine öde Plattform zu sein, im Gegensatz zu meiner Rockbühnenzeit, fing ich jetzt an zu begreifen, was das Sprechtheater für mein weiteres Leben bedeuten könnte. Das einzige, was ich vielleicht noch vermisste, waren die Groupies, die es

bei den Rock-Konzerten gab. Ein Rest oberflächlicher Eitel-
keit? Sicher! Aber schön wars.

Als ich 1977 in Köln anfing, wurde als Folge der 68er Bewegung vom Theater eine Veränderung der gesellschaftlichen
Zustände erwartet. Ich war natürlich auch davon überzeugt,
dass wir mit „unserem" Theater die Welt verbessern würden.

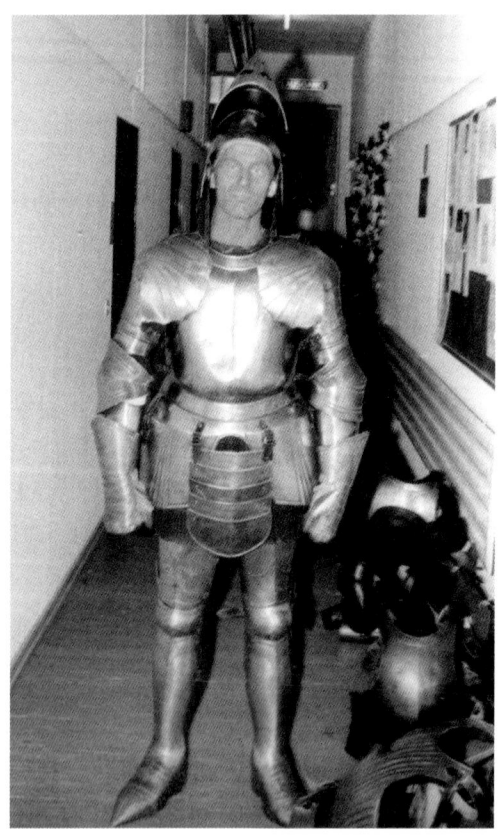

„Käthchen von Heilbronn"
Inszenierung Jürgen Flimm
Inspizient: „Herr Nemec, bitte leise zum zweiten Bild!"
Diesen Wunsch konnte ich ihm leider nicht erfüllen,
die Rüstung war echt und ohrenbetäubend

Die Arbeit war geprägt und dominiert von Regisseuren, Dramaturgen und Bühnenbildnern. Es war ein Regie- bzw. Konzepttheater. Die älteren Kollegen schwärmten zwar davon, dass es in früheren Zeiten einmal ein Schauspielertheater gegeben hätte, von dem man sagte, ein Werner Kraus war der perfekte Shylock in Shakespeares „Der Kaufmann von Venedig", oder einen besseren Mephisto als Gustav Gründgens in Goethes „Faust" habe es nie gegeben. Zu meiner Zeit sprach man von Jürgen Flimms „Käthchen von Heilbronn", Peter Steins „Kirschgarten" oder Peter Zadeks „Othello", der vom konservativen Bildungsbürgertum zum Skandal erklärt wurde, das heißt, es ging um die Interpretation eines Stückes. Kleist, Tschechow und Shakespeare wurden „entstaubt".

Und es war die Zeit des Einordnens der Schauspieler in ein linkes Gesamtkonzept, es ging in erster Linie nicht um die schauspielerische Leistung, die wurde vorausgesetzt, sondern um den Inhalt. Theater sollte kein Selbstzweck sein, keine Plattform für schauspielerische Eitelkeiten bieten, was natürlich trotzdem vorkam. Die meist gestellte Frage in dieser Zeit war: „Was ist die Aussage des Stücks?" Einfach drauf los spielen war nicht gefragt. Meiner persönlichen und schauspielerischen Entwicklung hat das gut getan. Das war das Praktikum, in dem ich mehr über Theater begriffen habe, als in den ganzen Jahren zuvor an der Schauspielschule.

Hansgünther Heyme, der fast immer in Lammfell-Weste probte, wurde als „Formalist" bezeichnet. Bei ihm musste man schon ein gestandener Schauspieler sein, um die von ihm vorgegebene Form der Rolle mit Leben zu füllen. Wie das aussah, wenn es funktionierte, konnte man in vielen seiner gelungenen Inszenierungen, wie z.B. der altgriechischen

Tragödie „Orestie" des Aischylos oder im „Talisman" von Nestroy mit Erich Hallhuber in der Hauptrolle erleben.

Ich selbst war, wie gesagt, schon als ich in Köln engagiert wurde, davon überzeugt, dass wir mit dem Theater die Welt verändern würden. Und dass mir das Geld nicht so wichtig war, bemerkte Heyme bei unserer ersten Vertragsverhandlung und nutzte es sofort.

Ich saß in seinem Büro und er schlug mir vor: „Also Miroslav, ich biete Ihnen einen Zwei-Jahres-Vertrag an. Im ersten Jahr 1800 Mark, im zweiten 2000 Mark." Ich darauf ziemlich schüchtern, aber begeistert: „Ja, aber ich komme wahnsinnig gerne. Ich freue mich ja, zu kommen." Darauf er: „Okay, dann machen wir im ersten Jahr 1600 und im zweiten 1800 Mark." Da sagte ich: „Okay." Als ich das den Kollegen erzählte, meinten die, ich sei verrückt, dass ich der Stadt Köln in zwei Jahren 4800 Mark schenke. Andererseits fanden sie es auch ein bisschen edel von mir, denn wir wollten damals ja alle die Welt verbessern und möglichst bei uns selbst damit anfangen.

Zu Heymes Co-Direktor, Roberto Ciulli aus Mailand, hatte ich einen südländischen Zugang. Er ließ sein Ensemble an der langen Leine laufen, improvisieren und arbeitete viel mit Musik.

Die erste Rolle aber, die ich in Köln richtig gestalten durfte, war der „Little Pipifax" in dem Stück mit Gesang „Happy End", das Bertolt Brecht und seine Mitarbeiterin Elisabeth Hauptmann zur Musik von Kurt Weill verfasst hatten. Das Stück ist eine Mischung aus Brechts „Die heilige Johanna der Schlachthöfe" und der „Dreigroschenoper". Regie führte Peter Fischer. Seine erste Regieanweisung werde ich nie vergessen. „Wissen Sie", sein Schnauzbart hob und senkte sich nach den richtigen Worten suchend, „dieses Stück spielt in einer

Zeit", wieder zwei Schnauzbartbewegungen, diesmal mit einem kleinen Räuspern unterlegt, „in der Gangster noch Gentlemen waren!" „Wow, o.k.?", darüber musste ich doch noch mal nachdenken. Er war übrigens bekannt für seine knappen, sinnigen Sätze. Als bei einer Probe eine renommierte Kollegin und ein älterer Kollege gleichzeitig auf die Bühne drängten, und sich gegenseitig versicherten: „Nein, entschuldige, aber ich glaube, das ist mein Auftritt!", sagte Peter Fischer ganz trocken: „Um Gottes Willen, verwechselt euch bitte nicht!"

Nach den Proben gingen wir ab und zu in ein italienisches Lokal, um beim Essen über Veränderungen der Inszenierung zu sprechen. Bei einem dieser Treffen stellte uns der Wirt eine Flasche Grappa auf den Tisch. Peter nahm sie in die Hand, drehte sie, setzte seine Brille ab, las: „Im Fass gereift", und sagte ganz trocken: „Im Fass gereift. Wer kann das schon von sich behaupten."
Dies war übrigens der Beginn einer wunderbaren Freundschaft, die bis heute Bestand hat.

Peter Fischer und ich in der Toscana

Bei den Proben zu „Happy End" entdeckte ich, wie man seinen Körper bewusst als Ausdrucksmittel einsetzt. Und wie viel Spaß es machen kann, als Ensemble – also gemeinsam – szenische Vorgänge zu erarbeiten. Die Hauptrolle in dieser Inszenierung spielte Erich Hallhuber. Wir lernten uns auf der Probebühne kennen. Dort stand auch ein Klavier, an das ich mich vor der Leseprobe setzte und ein paar Takte Schubert, Bach und Mussorgsky spielte. Das hat ihn beeindruckt, den Erich. Es hat ihn für mich eingenommen. Schon nach der ersten Probe lud er mich zu sich nach Hause ein und spielte mir auf seinem neu erworbenen Plattenspieler Klavierkonzerte vor. Er verehrte die Pianisten Friedrich Gulda, Vladimir Horowitz und Vladimir Ashkenasi. Wir hörten Musik, plauderten, diskutierten und gingen spazieren. Daraus entwickelte sich eine langjährige Freundschaft, die erst mit seinem plötzlichen Tod endete. Wir gingen uns nie auf die Nerven, waren – kurz gesagt – ein Herz und eine Seele. Erich machte selbstverständlich mit mir Ferien in Kroatien und meine Tante Mila sagte, nachdem sie unsere intensiven Gespräche erlebt hatte: „Also, wenn der Erich und du mal eine Zeit lang gemeinsam in einer Zelle im Gefängnis gesessen haben solltet und ihr kommt endlich raus, dann geht ihr vermutlich erst mal in eine Kneipe, um ein bisschen miteinander zu plaudern."

In Köln blieb ich zweieinhalb Jahre. Danach war ich zehn Monate am Stadttheater in Essen engagiert, wo ich drei Stückverträge unterschrieben hatte. Der Intendant hieß Ulrich Brecht. Zu Uli gibt es eine köstliche Geschichte, die er selbst erzählt hat, nämlich, wie es dazu kam, dass er Intendant in Düsseldorf wurde. Bei der Stadtverwaltung im Kulturausschuss lagen natürlich mehrere Bewerbungen auf dem Tisch. Auch die von Uli Brecht. Da sagte einer von den wichtigen Menschen: „Ja dann nehmen wir doch gleich den Echten." Sie hielten Uli tatsächlich für Bertolt Brecht. Der war aber schon 1956 verstorben. Uli wurde jedenfalls Intendant. Wenn's nicht wahr sein sollte, hat er es trotzdem amüsant und lustig erzählt und entlarvte damit auch die Kompetenz einiger Kulturverantwortlicher in der Stadtverwaltung.

Als ich auf dem Weg zu meiner ersten Probe in Essen mit einer Zeitung im Zug saß, es war das Jahr 1980, erschütterte mich eine Schlagzeile. Marschall Tito war seinem Krebsleiden erlegen. Mir kamen die Tränen. Ich hätte bis dahin nicht gedacht, dass dieser eigentlich erwartete Tod mich so bewegen würde. Das zeigte mir, wie tief ich noch in meiner kroatischen Kindheit verwurzelt war und dass der Tod unseres Idols Tito mich wie der Tod eines Familienmitglieds, einer Vaterfigur traf. Zugleich, und deswegen ist diese Begebenheit für mich von Bedeutung, begriff ich, dass ich dieses Gefühl, diese innere Bewegung und natürlich auch andere tief empfundene Erlebnisse beruflich verwerten kann und auch sollte.

Meine erste Premiere war der „Marius" von Marcel Pagnol, eine Liebesromanze, die in Marseille spielt. Am Ende verlässt Marius seine Geliebte, entscheidet sich für sein Fernweh und heuert auf einem Schiff an. Hier konnte ich bestens meine erlittenen Hochs und Tiefs einbringen. Wie auch in dem Musical, das als nächstes anstand. Es hieß „Pal Joey" und erzählte die Geschichte eines jungen Barpianisten, der sich von einer älteren Frau aushalten lässt, aber eine jüngere liebt. Am Ende zieht er wieder allein durch die Clubs. Diese Story wurde übrigens 1957 mit Frank Sinatra, Rita Hayworth und Kim Novak verfilmt. Ich fühlte mich also in bester Gesellschaft mit meinen damals 26 Jahren.

Musical voller Hits

Die Songs aus dem Musical „Darling Joe" sind längst Evergreens. „My Funny Valentine", „The Lady is a Tramp" zum Beispiel oder „Zip!" – diese köstliche Parodie dessen, was eine Striptease-Tänzerin bei der Arbeit denkt – sind seit dem Film mit Frank Sinatra, Rita Hayworth und Kim Novack weltberühmt. Das Essener Theater zeigt „Darling Joe" jetzt erstmals in deutscher Sprache. Regie führt Robert Walker, der dieses Musical gerade mit sensationellem Erfolg in London inszeniert hat. **Lesen Sie bitte weiter auf** **Seite 8.**

Miro Nemec, in dieser Spielzeit neu engagiert und bereits als Marius im „Goldenen Anker" zu sehen, studiert mit Alfons Nowacki, Leiter der Essener Bühnenmusik, für das Musical „Darling Joe" die Titelrolle ein.

Musikalische Proben mit Alfons Nowacki, damaliger Leiter der Essener Bühnenmusik

Als Hauptdarsteller die Verantwortung zu tragen, setzte ungeheure Kräfte frei. Über dem Opernhaus sollte ein großes Transparent mit meinem Konterfei prangen! Das Tolle daran war, dass zuvor in Köln Fotos von Theateraufführungen nur in den Glaskästen der Seitenstraßen hingen. Und manchmal war man nicht mal auf denen zu erkennen, höchstens ganz klein im Hintergrund. Also empfand ich es jetzt schon als optisches Zeichen meines persönlichen Fortkommens, dass es ein großes Foto von mir auf einem Transparent geben würde.

Das Musicals stammte aus der Feder des berühmten Komponisten-Duos „Rogers & Hart", mit Ohrwürmern und Hits wie „The Lady is a Tramp", „My Funny Valentine" und „Chicago". Ich begriff bei dieser Produktion: Musical ist dreifache Arbeit. Neben szenischem Spiel und Gesang kommt noch der Tanz hinzu. Ein enormer Kraft- und Zeitaufwand.

Ausgerechnet zwei Wochen vor der Premiere, wenn alle unter Druck geraten, die Belastung immer größer wird, man sich verkühlt, die Stimme krächzt oder der Magen streikt vor lauter Nervosität, bekam ich starke Schmerzen im linken Zeigefinger.

Wie sich dann herausstellte, stammte das Problem aus meiner Schulzeit. Zehn Jahre zuvor hatte ich beim Werkunterricht Laubsägearbeiten gemacht und war dabei abgerutscht. Das Sägeblatt war abgebrochen und ein kleiner Sägezahn ist unter der Haut am Fingergelenk steckengeblieben. Lange hatte ich das nur gespürt, wenn ich den Finger beim Klavierspielen krümmen musste, aber da es mich nicht wirklich hinderte, ließ ich das Metallstück nicht entfernen. Ausgerechnet jetzt, zehn Tage vor der Premiere, entzündete es sich.

Ich musste zum Arzt. Der spritzte mir die Hand auf, dass sie aussah wie ein aufgeblasener Gummihandschuh und schnitt den Störenfried heraus. Meine linke Hand wurde bis zum Ellbogen mit Verband stabilisiert und so musste ich die letzte Probenwoche hinter mich bringen. Nun sollte aber das Foto für das Transparent über dem Opernhaus gemacht werden, auf dem der Verband möglichst nicht zu sehen sein sollte. Deshalb zog ich mit der rechten Hand den Zylinder und versuchte dabei, die linke Hand mit dem Ellbogenverband so elegant wie möglich hinter meinem Rücken zu verstecken.

DARLING JOE
Musical von Rodgers, Hart, O'Hara

🎭 **Theater der Stadt Essen**   **Opernhaus**

Der linke Ärmel des Fracks musste für das Foto aufgeschlitzt werden
Zum Glück wurde der Gips vor der Premiere abgenommen

160

In Essen mietete ich das erste Mal eine Wohnung ganz für mich allein. Der Vermieter war ein Dachdeckermeister, ein wahrer Tausendsassa. Seinen Beruf übte er nur bis Freitagmittag aus. Am Wochenende fuhr er mit seiner Orgel, der kleinen Musikanlage und den „Schlümpfen" als Alleinunterhalter durch den Pott. Er trat auch als Zauberkünstler bei Privatveranstaltungen auf, und ab und zu wurde er mit seiner Motorrad-Nummer gebucht, bei der er in luftiger Höhe über ein gespanntes Drahtseil fuhr. Als er die Vorstellung von „Pal Joey" gesehen hatte, das Stück lief sehr erfolgreich, sagte er im schönsten Ruhrpott-Slang: „Also du bist en'e eschte Künstler, dat seh isch gleich. Du musst bei mir nicht mehr Schnee schippen!" Das hat mich einerseits belustigt, andererseits auch stolz gemacht. Denn durch meine sozialistische Erziehung war für mich jemand aus dem Ruhrpott ein klassischer Proletarier, also etwas Positives. Von einem Ruhrpottler anerkannt zu werden, hat mir etwas bedeutet. Derart gestählt – nicht zuletzt durch das Lob des Dachdeckers – begab ich mich an meinen nächsten Arbeitsplatz, an das Münchener Residenztheater.

16

München und das „Resi"

Mein Hauptgrund, Köln und das Rheinland zu verlassen und wieder nach Bayern zu ziehen, war eine Frau. 1979 besuchte ich meinen Freund Erich Hallhuber in seiner neuen Wirkungsstätte. Er hatte schon ein Jahr zuvor das Angebot vom Münchener Residenztheater bekommen. Es war ein wunderschöner Sommertag und wir fuhren in einen Biergarten außerhalb der Stadt. Dort trafen wir zufällig zwei weitere Ensemblemitglieder vom „Resi", und zwar Horst Sachtleben, der mit einer Kollegin radeln gewesen war. Es war Rita Russek, die ich bis dahin nicht kannte. Wir beide kamen ins Gespräch und ich hatte gleich das Gefühl, dass wir uns mehr als nur sympathisch sind. Nach dem dritten Lokalwechsel war mir klar, dass ich lieber ohne unsere Kollegen mit ihr hier sitzen würde. Und ich bildete mir ein, dass es ihr ähnlich ging. Also blieb uns bei dieser ersten Verabschiedung nur das Ritual des Kusses auf die Wange. Bei meinem nächsten Besuch in München verabredeten wir uns allein. Und dann war es passiert. Zurück in Köln erwartete mich ein Telegram, das auf Spanisch verfasst war. Leider konnte ich es mit meinen kargen Italienisch-Kenntnissen nicht ganz entschlüsseln. Aber das, was ich davon begriff, traf mich, wie damals der erste Kuss auf den Mund von Blanka in Zagreb, als ich zwölf war. Also rannte ich zu meinem Lieblingsspanier in der Südstadt und lies mir das Telegramm übersetzen. Der Satz stammte von dem chilenischen Dichter Pablo Neruda: „Ich möchte mit dir machen, was der Frühling mit den Kirschbäumen macht".

Das Telegramm besitze ich noch heute. Und so entbrannte bei meinem Lieblingsspanier in mir die Sehnsucht, mir von Rita zeigen zu lassen, was der Frühling mit den Kirschbäumen macht und zwar in München.

Ich denke, das Foto spricht für sich

„Wo du hingehst, da will auch ich hingehen", wie es in Brechts „Dreigroschenoper" heißt. Die Sache hatte nur einen Haken: Ich war noch in Köln engagiert. Deswegen besuchten wir uns erst mal, so oft es ging. Wer gerade keine Vorstellung hatte, eilte zum anderen nach Köln oder München. Es gab einige Vorstellungen, nach denen es für Rita zu knapp geworden wäre, den Flughafen München zu erreichen, wenn sie nicht ihr ganzes Geschick eingesetzt hätte: Sie bat zum Beispiel den Inspizienten, die Theaterpause etwas zu kürzen, die Kollegen, schneller zu spielen, und sie selbst spielte da und dort eine unauffällig gekürzte Variante ihrer Monologe. Die Garderobiere legte ihr schon ihre Sachen zurecht und draußen vor dem Theater stand Erichs Auto mit laufendem Motor, damit Rita hineinspringen, sich während der Fahrt umziehen und die letzte Maschine nach Köln erwischen konnte.

Ihr Kostüm brachte Erich anschließend wieder ins Theater.

Mit Rita trat, für mich noch ganz ungewohnt, kein Mädchen sondern eine Frau, eine Dame in mein Leben. Sie trug statt Jeans und Parka geschmackvolle Zweiteiler, Kleider, hatte modische Handtaschen, todschicke italienische Schuhe und High Heels.

In München war sie schon ein Theater-Star und ich sah mir ab sofort alle Vorstellungen an, in denen sie mitspielte. Auf der Bühne hatte sie die gleiche erotische Wucht wie privat.

Dem Intendanten Kurt Meisel blieb unsere Leidenschaft nicht verborgen und so fragte er mich eines Tages, ob ich zwei kleinere Rollen im Faust übernehmen möchte, als Einstieg sozusagen. Vielleicht auch mit dem Hintergedanken Rita dadurch noch mehr ans „Resi" zu binden, damit sie nicht womöglich auf die Idee kommt, aus Liebe die Stadt zu wechseln.

Kurz darauf bot mir das Essener Theater drei große Rollen an und Rita war die Erste, die mir dazu riet, diese Chance zu nutzen. Für uns beide fand ich das nicht optimal, aber beruflich gesehen hatte sie recht und ich sagte zu.

Meine neue Wohnung in Essen gestaltete Rita mit stilsicherem Geschmack.

Sie kam mit ihrem zweitürigen Coupé und versorgte mich bei jedem Besuch mit Stühlen, Regalen, Lampen oder Teppichen, die sie nicht mehr brauchte und bei Freunden untergestellt hatte. Eine Versorgungsfahrt führte sie sogar, bevor sie nach Essen kam, nach Freilassing zu meiner Baba. Rita war die einzige Frau bis dahin, die Baba akzeptierte. Intuitiv spürte sie wohl, dass sie ihr ziemlich ähnlich war, was die Fähigkeit, sich durchzusetzen und zu überleben anging und genau so eine Frau stellte sie sich für mich vor. Noch Jahre später, als Rita und ich schon getrennt waren, rief sie, wenn sie mich nicht erreichen konnte, bei ihr an, um zu erfahren, wo ich mich rumtreibe. „Frau Rita, wo ist Miroslav?" Und dann musste sich Rita sofort darum kümmern, was sie Baba zuliebe auch gerne tat.

Nach den drei Stückverträgen in Essen wollte ich natürlich, sobald es ging, nach München ziehen und so bemühten sich Rita und Erich, mich für ein Anschluß-Engagement am „Resi" ins Gespräch zu bringen.
Der Intendant bat den Kollegen Horst Sachtleben, den ich ja schon kennengelernt hatte, und der auf Gastspiel in Leverkusen war, mich nun offiziell in seinem Auftrag in Essen auf der Bühne zu begutachten. Da ich daraufhin ein Angebot bekam, muss ihn mein Spiel wohl überzeugt haben. Er empfahl mich Kurt Meisel.
So kam es, dass ich gleich mit einer stücktragenden Rolle in Ostrowskis „Wald" debütieren konnte, mit Kollegen aus der ersten Schauspielerriege, zum Beispiel mit Gustl Bayrhammer, (dem „Meister Eder"), den ich vom Fernsehen kannte und schätzte. Ich war Andrej, ein junger Schnösel, der sich bei der Gutsverwalterin anbiedert. Die große Lola Müthel verkörperte diese Gutsverwalterin. Mit ihr zu proben und zu

spielen war ein Ereignis. Diese Kraft, diese Präsenz, dieser Wahnsinn. Am Tag nach der Premiere fuhr ich zufällig mit Martin Benrath im Lift. Er sprach mich an: „Ich darf Ihnen gratulieren, ich habe die Inszenierung gesehen, Sie haben mir sehr gut gefallen." Das machte mich glücklich – es war ein toller Einstieg und Rita und Erich waren stolz auf mich.

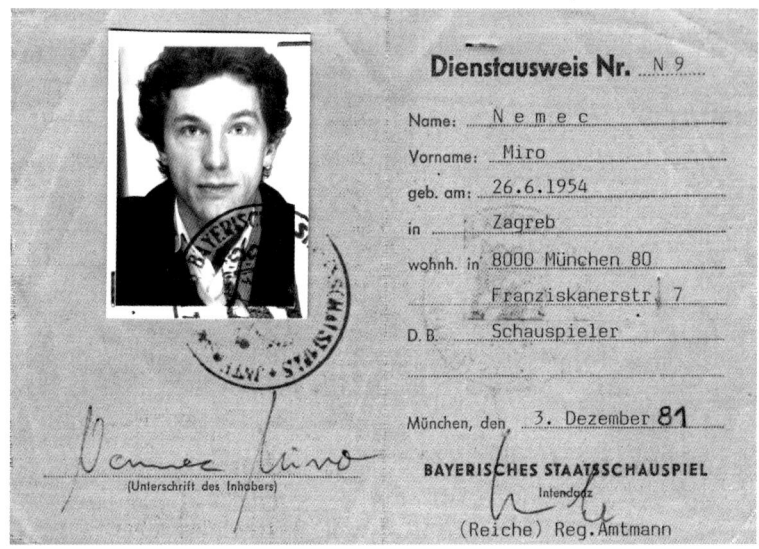

Am „Resi" ging es konservativer zu, als ich es von Köln gewohnt war. Das lag auch – und vor allem – am Chef des Hauses, Kurt Meisel. Er kümmerte sich auch privat um die Schauspieler, die er engagiert hatte. Für ihn war es wichtig, dass die persönlichen Dinge im Lot waren, was der Motivation und dem Zusammenhalt des Ensembles sehr gut tat. Während auf anderen deutschen Bühnen das Regietheater alles beherrschte, setzte er noch auf das klassische Schauspielertheater. Progressive Gastregisseure wie Peter Zadek, Klaus Michael Grüber und Peter Palitzsch holte er sich trotzdem ans Haus.

Mit Christa Berndl in einem Stück von Dario Fo

Mit meinem Intendanten Kurt Meisel in „Mutter Courage" von Brecht

In „Galileo Galilei" (rechts)

Mit Ruth Drexel als „Mutter Courage"

Natürlich war auch das Publikum ein anderes und wollte nicht unbedingt Experimente sehen. Wer die bevorzugte, ging in die Münchener Kammerspiele.

Aus Spass und aus Solidarität unserem Ensemble gegenüber haben Erich und ich zur Spielzeiteröffnung einen musikalischen Abend zusammengestellt der „In dubio pro Resi" hieß. 1980 gewährte Kurt Meisel dem bekannten Filmemacher Ingmar Bergman in München „Asyl". Das war eine bemerkenswerte Geste. Bergmann war nicht nur Film- sondern auch Theaterregisseur und wurde ein paar Monate vorher im Stockholmer „Dramaten" während einer Probe wegen angeblicher Steuerhinterziehung verhaftet. Ein paar Jahre später wurde diese Anschuldigung vom schwedischen Staat revidiert. Am Resi inszenierte er „Fräulein Julie" von Strindberg, „Nora" von Ibsen und sein eigenes Stück „Szenen einer Ehe".

Rita spielte die „Nora", eine Frau, die sich gegenüber ihrem dominanten Mann Helmer emanzipiert. Manchmal brachte sie diese Rolle auch mit nach Hause, und ich beschwerte mich: „Ich bin nicht Helmer."

Bergman wurde übrigens von seiner ehemalige Frau Liv Ullmann wegen eines Kroaten verlassen. Wenn Rita von der Probe nach Hause kam, ließ er mich manchmal grüßen: „Grüß den Milan!" Er wusste natürlich genau, dass ich Miroslav heiße. Aber dass „seine" Rita – er betrachtete seine Schauspielerinnen fast als persönliches Gut – auch mit einem Kroaten verbandelt war, schien doch etwas an ihm zu nagen, auch wenn er es in einen Scherz verpackte.

Kurt Meisel war für solides Theater bekannt. Und er hatte die besten Leute: neben Rita und Erich, Barbara Sukowa, Nikolaus Paryla, Christine Ostermayer, Ruth Drexel, Hans Brenner, Klaus Löwitsch, Gaby Dohm und und und. Gaby spielte die „Szenen einer Ehe" mit Erich, als sie ein Angebot vom Fernsehen für „Die Schwarzwaldklinik" bekam. Sie nahm an, kündigte und entfleuchte zu den Dreharbeiten, was von den Kollegen äußerst kritisch beäugt wurde. Ernsthaftes Theater aufzugeben, um seichte Unterhaltung zu machen, entsprach nicht dem Berufsethos.

Für mich jedenfalls gab es zu dieser Zeit auch nur die Bretter, die die Welt bedeuten. Wenn ich abends während der Vorstellung keinen Auftritt hatte, bin ich meist in die Intendanten-Loge rauf oder in die Seitengasse zum Inspizienten. Das ist der Mann oder die Frau, der oder die von dort aus die ganzen Abläufe koordiniert. Dort sah ich zu, wie die Kollegen spielten. Ob und was sich von Vorstellung zu Vorstellung verändert. Es war kostenloser Schauspielunterricht.

Am Residenztheater, 1981

Spannend wurde es, als die Frage aufkam, wer der Nachfolger Meisels werden würde. Im Gespräch waren einige bekannte Namen, unter anderem auch der als konservativ geltende Regisseur Rudolf Noelte. Doch der überwiegende Teil des Ensembles kämpfte für Frank Baumbauer, unseren langjährigen Betriebsdirektor unter Meisel. Er wurde es tatsächlich, und machte mir das Angebot, für weitere drei Jahre am „Resi" zu bleiben. Zur gleichen Zeit bot mir Dieter Dorn, der Intendant der Münchener Kammerspiele geworden war, zwei Stückverträge an. Ich entschied mich am „Resi" zu bleiben. Ich fühlte mich in diesem Ensemble heimisch, man kannte sich schon und ich freute mich auf unsere Zusammenarbeit in den kommenden drei Jahren.

Während der Zeit am „Resi" 1984 gab es eine Anfrage von Robert von Ackeren für die Hauptrolle in dem Kinofilm „Die flambierte Frau". Ich musste leider ablehnen, da man mich nicht freistellte, um nach Berlin zu den Dreharbeiten zu fliegen. Er fragte ein zweites Mal an, aber das Theater blockte wieder ab und ich musste notgedrungen endgültig absagen: „Es tut mir sehr leid", bedauerte ich am Telefon. Worauf er lakonisch antwortete: „Das tut mir leid für Sie." Die Tragweite dieser Äußerung begriff ich erst später. Bestimmte Angebote gibt's eben nur einmal im Leben.

Ebenso ging es mir, als ich „Margarete von Trotta" absagen musste, ich sollte einen Pianisten spielen, als Partner von Hannah Schygulla. Und als ich als intriganter Hintermann des schwedischen Königs in dem Kinofilm „Peter der Große" besetzt werden sollte, stand ich vor dem gleichen Problem. Erna Baumbauer, die Mutter meines Intendanten, war eine renommierte Agentin. Sie besetzte die Schauspieler in dieser Produktion, und so sprach sie auch mich an. Als ich sie fragte, wie ich dieses Anliegen mitten in der Spielzeit nach Russland zu fliegen, meinem Intendanten, ihrem Sohn, beibringen soll, meinte sie nur in ihrer sehr direkten Art: „Wenn's a gute Rolle ist, scheiß' ma ihm vor'n Koffer." Das haben wir dann zum Glück nicht machen müssen, denn die Rolle war es nicht wirklich wert.

Was ich damit beschreiben will: Es gibt immer wieder Situationen, in denen man Entscheidungen treffen muss, die einem das Leben nicht leichter machen. Bleibe ich am „Resi"? Hätte ich für die zwei Stückangebote zu Dorn an die Kammerspiele gehen sollen? War es richtig, einem van Ackeren abzusagen? Hätte ich mehr kämpfen müssen? Egal, wie man sich entscheidet, man ahnt, dass es Folgen fürs ganze Leben haben wird.

Ich blieb sechs Jahre am „Resi". 1986 kam ein neuer Intendant und mit ihm die Unsicherheit. Wessen Vertrag würde verlängert, wer würde gehen müssen? Irgendwann fragte der 95-jährige Kollege Erwin Faber – er hatte Arthur Schnitzler noch gekannt, hat Hauptrollen in Uraufführungen von Bertolt Brecht gespielt und gehörte zu meinen anbetungswürdigsten Idolen – ob wir schon Neues wüssten. „Glaubt ihr denn, dass er mich verlängert?" Ich dachte: „Was für ein Scheißberuf ist das, Schauspieler. Du hast Angst, dein ganzes Leben lang, noch mit 95!" Das ist mir in schrecklicher Erinnerung geblieben. Wir sagten Erwin: „Wenn er Sie nicht verlängert, hauen wir ihm persönlich eins in die Fresse."
Zwanzig Kollegen, unter ihnen auch Erich Hallhuber, und ich, wurden nicht verlängert. Erwin Faber blieb.

17

Freiheit ist, wenn man gehen darf

Als Karl Moor in Schillers „Räuber"

Nach unseren Engagements am Residenztheater spielten Erich Hallhuber und ich in Wunsiedel bei den Freilichtspielen die Brüder Karl und Franz Moor in Schillers „Räubern". Die Arbeitsweise war für mich erfrischend anders als am „Resi". Wir waren die Protagonisten, arbeiteten gemeinsam mit dem Regisseur am Stück, und haben auch dem Intendanten Vorschläge zur Inszenierung gemacht. Es war das erste Mal, dass wir ein Mitspracherecht in dieser Größenordnung bekamen. Wir arbeiteten mit dem Regisseur an der Strichfassung, das heißt, wir haben die Texte nach unseren Vorstellungen gekürzt und manchmal auch Szenen umgestellt. Dadurch haben wir das Stück und seinen Ablauf verändert. Damit haben wir eigentlich die Arbeit gemacht, die sonst die Dramaturgie erledigt. Es war eine wunderbare Erfahrung.

Proben zu Schillers „Räuber" auf der Freilichtbühne Wunsiedel
Rechts: Erich Hallhuber als Franz Moor, ich als Karl

1993 kam ich ein zweites Mal nach Wunsiedel, um den „Amphitryon" zu spielen

Dann habe ich mich für eine Tournee entschieden und die Hauptrolle in Ibsens „Volksfeind" übernommen. Nicht zuletzt, weil Horst Sachtleben Regie führte, jener Kollege, der mich ans „Resi" empfohlen hatte. Die Arbeit mit ihm hat mich als Schauspieler wieder vorangebracht.

Aber Tournee war nicht wirklich nach meinem Geschmack. Tagsüber sitzt man im Auto und fährt von einem Aufführungsort zum nächsten und abends muss man sich entweder auf eine besonders kleine Theaterbühne oder auf eine riesige

Stadthalle einstellen. Bei so einer Tournee wird man morgens in einem Hotel wach und weiß nicht mehr, wo man ist. Dann auf die Bundesautobahn, inklusive Stau. Am Abend nach der Vorstellung gibt es in den kleineren Spielorten keine Gaststätte mehr, die etwas zu essen anbietet – ausgenommen die Griechen. Und so trifft man sich nach jeder Vorstellung beim örtlichen Griechen und isst Nacht für Nacht das Gleiche.

Diese drei Monate dauernde Städtetour führte uns durch Deutschland, Österreich und die Schweiz. Das Publikum war wirklich aufgeschlossen und ich erinnere mich gern an die Gespräche mit den Zuschauern, die nach der Vorstellung noch mit uns in der Kneipe zusammen saßen. Aber alles in allem war so eine Tournee nicht wirklich etwas, das ich wiederholen wollte. So ab der 40. Vorstellung wusste ich manchmal nicht mehr: habe ich die Szene heute schon gespielt, oder kommt die noch, oder war das gestern? Vielleicht lag es ja auch am Stück. Es war ein sozialkritisches Thema, 'ne ernste Sache und ich dachte mir manchmal, vielleicht hätte ich lieber „Charlys Tante" spielen sollen, wo man die Leute einfach zum Lachen bringt und sich selbst auch.

Ein Glücksfall war mein schwäbischer Intendant in Wunsiedel, Hans-Peter Doll. Er hatte mittlerweile die Frankfurter Oper kommissarisch übernommen. Im „Sommernachtstraum" von Benjamin Britten musste die Rolle des „Puck" umbesetzt werden. David Bennent, allen bekannt aus der „Blechtrommel"-Verfilmung, hatte ihn gespielt und ich sollte die Rolle nun für ein Gastspiel in Tel Aviv übernehmen. Es blieben zweieinhalb Wochen bis zur Premiere. Doll schickte mir eine Video-Aufzeichnung des Stücks und eine Partitur der Oper. Dann rief er mich an, und sagte: „Schpielscht mir en schöna Erfolg, Bubele, gäll!".

Innerhalb einer Woche habe ich mir diese wirklich schwere Partitur erarbeitet, fuhr nach Frankfurt und probte. Zuerst mit dem Dirigenten am Klavier, gleichzeitig szenisch auf der Probebühne und dann die große Orchestersitzprobe. Die hat mich richtig beeindruckt. Dieser riesige Klangkörper um einen herum fährt einem direkt in die Magengrube. Die Inszenierung war auf den kleinen David Bennent hin konzipiert. Also habe ich diesen „Puck" aus einer katzenhaften Haltung heraus gespielt, die Knie wurden nicht geschont. Die Rolle des „Puck" ist wie jedes Instrument in der Partitur genau notiert und rhythmisiert, wird teils gesprochen und teils gesungen. Einige Orchestermitglieder sagten mir: „Wir waren sehr skeptisch, was die Übernahme angeht. Aber du kannst es ja wirklich, wir haben gar nicht gewusst, dass Schauspieler so etwas draufhaben." Na ja, immerhin ein Kompliment.

Eigentlich probten wir nur für das geplante Gastspiel in Tel Aviv. Doch in Israel war das Stück ein so großer Erfolg, dass es in Frankfurt wiederaufgenommen wurde. Die Inszenierung war übrigens von Thomas Langhoff, den ich aber nie zu Gesicht bekam.

Trotz dieser Erfolge plagten mich ziemliche Existenzängste. Das feste Engagement hatte ein hohes Maß an Sicherheit geboten, das nun von heute auf morgen nicht mehr da war. Mir wurde klar, dass ich an einem Wendepunkt meines Lebens angelangt war. Das hieß: Jetzt gestalte ich meine berufliche Laufbahn selbst, bin allein dafür zuständig, wie sich alles entwickelt. Aber es kam anders: Die Agentin Hannelore Dietrich bot mir an, sich meiner anzunehmen, d.h., mich in ihrer Agentur aufzunehmen. Das ist keine Selbstverständlichkeit für Schauspieler und viele kämpfen jahrelang darum, irgendwo unterzukommen.

Schon während der „Resi"-Zeit hatte ich nebenher Geld verdient. Sei's beim Hörfunk, beim Synchronsprechen oder auch mal durch einen Drehtag beim Fernsehen. Gerade das Synchronisieren war für mich eine Herausforderung. Ich hatte ja schon in Zürich das Bühnendeutsch ordentlich geübt, es später durch die Bühnenpraxis geschliffen, aber das Synchronisieren war trotzdem eine völlig neue Erfahrung. Den gesamten Ausdruck in die Stimme, die Sprache zu legen, ohne Unterstützung der körperlichen Darstellung. Dazu kam: Während man beim Theater wochenlang probt und sich mit den Hintergründen des Stücks befasst, bekommt man beim Synchron den Text in die Hand gedrückt – und los geht's.

Schauspieler: „Wie soll ich die Rolle anlegen?"
Regie: „Auf die 4 bitte!" (Beim Countdown sieht man die Zahlen 1, 2, 3. Auf die 4 kommt dann der zu synchronisierende Filmausschnitt)
Also das hieß: „Frag' nicht so blöd, mach's!"

Als erstes synchronisierte ich englische Shakespeare-Verfilmungen. Dafür wurden Leute vom Theater geholt, die solche Texte auf deutsch zu sprechen gewohnt waren und da nahm man sich tatsächlich noch Zeit mit dem Regisseur über die Rolle zu sprechen. Später synchronisierte ich allerdings auch etliche Western. Da gab es eine wahre Begebenheit, die gerne erzählt wurde: Der Sheriff steht sehr breitbeinig vor dem Gefängnis seiner Kleinstadt, in das er einen Bösewicht eingesperrt hat. Die Meute bedrängt den Sheriff fast körperlich. Der donnert mit tiefer Stimme los: „Wenn einer es wagt, ihn rauszuholen, werdet ihr ihn hängen sehen." Das war natürlich ein Brüller und Grund für ein Päuschen.

Besonders lukrativ waren Karate-Filme und Pornos, auch „Schamlippensynchron" genannt. Denn dafür gab's 500 D-Mark am Tag – damals viel Geld. Da ging es weniger um das gesprochene Wort als um Kampfgeschrei oder Gestöhne. Bei den Pornos stand zum Bespiel in Klammern: (Lustgeräusche ad lib.), also „ad libitum", frei gestalten nach dem Bild und wenns dann „soweit war": (Orgasmus ad lib.). Man erzählte sich von einem Neuen, der mit den Anleitungen im Text noch nicht so ganz vertraut war. An entsprechender Stelle brüllte er laut und immer wieder „ORGASMUS!".

Morgens um neun fing man an, es waren meist saumiese, schlecht gemachte Pornos. Zur Aufmunterung begrüßte man sich mit „John Porno", abgeleitet vom italienischen „Bon Giorno" und der Aufmunterung „Lieber Schamlippen küssen als Schlammschippen müssen". Und dann ging das Gejodel los. Und zwar den ganzen Tag. Wenn man Pause hatte, ging man ins „Konver". Das war das „Konversationszimmer" – besser der Aufenthaltsraum, in dem man wartete, bis man wieder leidenschaftlich stöhnen musste. Dort wurden Witze erzählt.

Außerdem fungierte das „Konver" als eine Art Nachrichtenbörse des Theaters, wo sich das Neueste herumsprach. Denn wir fühlten uns natürlich zu Höherem berufen. Man erzählte sich, was Peter Stein, Peter Zadek und Claus Peymann gerade so inszenierten. Und dann ging man schicksalsergeben zum Lustgestöhne. Welche Welten lagen da dazwischen. Aber es war eben ein guter Nebenjob und ein gutes Sprechtraining – von den Pornos mal abgesehen.

Meinen allerersten Drehtag übrigens hatte mir 1979 Herbert Grönemeyer in Köln vermittelt. Wir waren beide bei Jürgen Flimm als Schauspieler engagiert. Ich besuchte ihn ein paar Mal in seiner Wohnung, er spielte mir seine Platten vor, die sich damals noch nicht wirklich gut verkauften. Wahrscheinlich hat er sich nicht träumen lassen, dass er einmal das Münchener Olympiastadion mit 70 000 Leuten füllen würde. Herbert musste damals eine Rolle absagen und fragte mich, ob ich sie nicht übernehmen will. Er empfahl mich an Tankred Dorst, den Regisseur des Filmes „Mosch", für die Rolle des Bar-Pianisten. Ich spielte und sang und hatte damit meinen ersten Ein-Tages-Auftritt in einem Kinofilm. Die Hauptrolle war mit Marius Müller-Westernhagen besetzt, und Marie-Luise Marjan – später „Lindenstraße" – tingelte mit mir durchs Bild.

Ich hatte also ein ganz klein wenig in die Filmarbeit hineingeschnuppert. Aber erst 1985 bekam ich in München mein erstes „ordentliches" Angebot. Über Brigitte Janner, mit der ich in Fassbinders „Katzelmacher" im Münchener Marstall-Theater spielte. Ihr Mann war der Regisseur Hajo Gies. Er besuchte unsere Vorstellung und besetzte mich danach in „Broken Blossoms", einem der vielen „Schimanski"-Tatorte, die er inszeniert hat. Ich spielte einen Zuhälter. Neben Götz George, Eberhard Feik und Ralf Möller als meinem Bodyguard. Mein Einstieg ins Fernsehgeschäft. Da war ich 31 Jahre jung.

Danach bekam ich einige Gastrollen in verschiedenen Serien. Unter anderem bei der „Glücklichen Familie" mit Maria Schell und Siegfried Rauch. Ich spielte einen taxifahrenden Studenten, der einer der Schell-Töchter hilft, ihr Baby im Taxi gesund zur Welt zu bringen. Das möchte man in der Realität nicht erleben! Während der Dreharbeiten erzählte mir eine weitere „Schell-Tochter", dass sie eigentlich gar nicht

Schauspielerin sei, sondern Medizinstudentin. Es gab auch noch einen jungen Mann, der ihren Freund spielte, mich freundlich begrüßte und sagte: „Hallo, ich studiere an der Filmhochschule, ich bin kein Schauspieler, ich mach' das nur nebenbei. Denn eigentlich möchte ich Drehbücher schreiben und Regie führen."

„Was ist denn das für ein Laden?" Ich wunderte mich, dass man diesen Beruf so nebenbei machen konnte. Das war mir vom Theater nicht bekannt. „Lauter junge Leute, die keine Schauspieler sind. Wo bin ich denn da reingeraten?" Na, ja: Die Medizinstudentin war Maria Furtwängler, der Student von der Filmhochschule Sönke Wortmann.

In der Folge übernahm ich kleinere Rollen in „Der Alte", „Derrick" und der „Polizeiinspektion" mit Walter Sedlmayr. Das hatte ich in erster Linie dem Produzenten Helmut Ringelmann zu verdanken. Er und der Regisseur Günther Gräwert gingen oft ins Theater, um nach potentiellen Talenten Ausschau zu halten, was bei den meisten Fernsehleuten zu der Zeit schon nicht mehr üblich war.

Jetzt, da ich an kein Theater mehr gebunden war, konnte ich alles ausprobieren, was mich interessierte. Ich spielte Rollen, die mir gefielen, bei Regisseuren, die mich haben wollten. Im festen Theaterengagement ist es ja manchmal so, dass Gastregisseure einen besetzen müssen, weil man im Ensemble ist, aber eigentlich doch lieber einen Gast gehabt hätten. Ein demütigendes Gefühl. Das war jetzt vorbei. Jetzt war ich selbst der Gast und wurde endlich persönlich angefragt und konnte selbst entscheiden, ob ich Lust auf diese oder jene Rolle habe. Das gab meinem Leben wirklich eine neue Qualität.

18

Das Fernsehen

Ich spielte Bösewichte, Taxifahrer, Ärzte, Journalisten, alles querbeet, hatte Gastauftritte in „Liebling Kreuzberg", im „Fahnder", in diversen 60-Minuten-Formaten. Dann kamen 90-Minüter im Privatfernsehen, in denen ich Hauptfiguren spielte. Ein angenehmer Nebeneffekt war, dass man auch Auslandsangebote bekam.

1987 ergab sich die Möglichkeit, in Finnland zu arbeiten. Rita Russek hatte das für mich eingefädelt. Wir freuten uns, endlich gemeinsam vor der Kamera zu stehen. Es war eine Geschichte nach einer literarischen Vorlage, die auf einer Insel im Inarisee spielte, 400 Kilometer nördlich des Polarkreises. Wir reisten nach Travemünde, dann auf der „Finnjet" nach Helsinki, von dort an den Inarisee, wo wir von Rovaniemi mit einem Wasserflugzeug auf diese kleine Insel gebracht wurden. In einer Bucht standen zwei Blockhütten, eine davon wurde als Sauna genutzt. Die andere bewohnte das deutsche Regie-Ehepaar, das auch im Winter bei minus 50 Grad dort lebte.

Wir hausten in Zelten. Der See hatte sogar im Sommer knackige sieben Grad, also nichts zum Plantschen. Da froren einem die Füße ab. Zum Waschen ging es gerade noch, wenn man mit Gummistiefeln in den See watete. Deswegen haben wir uns mit Tee und Rum – oder doch Rum mit Tee? – warm gehalten. Das blieb natürlich nicht ohne Folgen. Ein Teammitglied bekam eine Alkoholvergiftung und musste mit dem

Wasserflugzeug ins nächste Krankenhaus geflogen werden, ich schaffte es einmal auch nur im letzten Moment, das Zelt zu verlassen, um draußen meine Sünden abzubüßen. Aber zum Glück gab es die Sauna und den eiskalten See, in dem wir schnell wieder nüchtern wurden. Beim Drehen mussten wir versuchen, Myriaden von Mücken abzuwehren. Da hatte es das Team schon leichter. Das arbeitete mit am Hut befestigten Netzen, für uns Schauspieler kam diese Variante allerdings nicht in Frage. Wir mussten uns ständig mit einem stinkenden Anti-Mückenöl einreiben, das unangenehmerweise die Haut stark austrocknete.

Dafür hatten wir unsere Köchin Irma, die uns jeden Morgen im Frühstückszelt mit Lachs „verwöhnte". Nach zwei Wochen konnten wir ihn nicht mehr riechen. Dazu die Sommernächte, die keine waren. Es blieb ja 24 Stunden lang hell. Was einen völlig aus dem Rhythmus brachte. Dort oben im Norden treibt der Wind die Wolken sehr schnell. Das erschwerte die Dreharbeiten. Denn, wenn das Licht wechselt, funktionieren die Anschlüsse an das bereits Gedrehte nicht. Das kostet Zeit. Dazwischen hat's auch mal geregnet. Oder es war so trüb, dass es kein optimales Licht für die Kamera gab. Wir mussten dann schon mal zwei Tage in der Hütte zusammenhocken und warten, bis es weiterging.

Also trank man eben ein geistiges Getränk, vergnügte sich mit Büchern, oder fuhr mit dem Kanu durch die Seenlandschaft, wobei man aufpassen musste, wieder zurück zu finden, da die Umgebung überall gleich aussah. Ferner warnte man uns vor dem dort lebenden gefährlichen Vielfraß. Fernsehen gab es natürlich keines und so hat man sich vor den Kamin in der Haupthütte gefletzt. Das Holz fürs Feuer war nicht richtig trocken. Es stoben Funken, es krachte, als ob Schüsse fielen.

Gottergeben sahen wir diesem Spektakel zu und scherzten: „Heut gibt's einen Western im Kamin".

Trotz gelegentlicher Insel-Koller, der Enge in der Blockhütte und der Sauna kamen wir alle gut miteinander aus. In Finnland habe ich auch das „Doppelplumsklo" kennengelernt, also zwei Löcher nebeneinander, daneben klein geschnittenes Zeitungspapier, das kannte ich aus Kroatien, man muss es, bevor man es verwenden kann, weich rubbeln. Ob die Skandinavier wohl zu zweit ...? Wie auch immer, wir haben diese Tradition nicht fortgeführt. Insgesamt waren die fünf Wochen zwar ein strapaziöses Abenteuer, aber trotzdem herrlich!

Von da ab ging es für mich direkt in die nächste Produktion nach Mazedonien an die albanische Grenze. Für das Österreichische Fernsehen wurde Heinrich Bölls Novelle „Mönch und Räuber" verfilmt. In einer grandiosen unberührten Berglandschaft, mit Dörfern wie aus dem Mittelalter. Kein Strom, Wasser vom Brunnen. Wir hatten einen LKW mit einem Stromaggregat dabei fürs Licht. Mancher Weg und manche Brücke waren zu eng für das breite Aggregat, denn oben in den Bergen gab es nur noch ganz schmale Schotterpisten. Oft waren wir zwei Stunden unterwegs zu den Drehorten.

Zuhause ist es dann ja auch wieder schön. Aber wenn das Telefon klingelt und die Agentin fragt: „Möchtest du nicht verreisen?", „Wohin denn?", „Karibik, Brasilien?", dann packt einen schon wieder das Fernweh. Günter Pfitzmann zu Ehren sollten zwei 90-Minüter auf der „MS Europa" gedreht werden. Es ging über Paris auf die Insel Guadeloupe, wo wir an Bord gingen.

In den Reiseunterlagen zu diesem Auslandsdreh stand, man bewege sich auf einem Luxus-Liner. Da gebe es eine gewisse Kleiderordnung und einen Verhaltenskodex. Es stand auch drin, dass man als Schauspieler dieser Produktion beim Käptn's Dinner im Smoking zu erscheinen habe. Ich besaß damals keinen, fragte in Münchener Läden, was so was kostet, und fand, das sei eine überflüssige Ausgabe – viel zu teuer. Hier kam meine Zagreber Kindheit wieder durch! Zu der Zeit wurde ich ja noch nicht zu Nobelveranstaltungen wie dem Bayerischen Fernsehpreis eingeladen. Also marschierte ich zu einer alten Bekannten, die am „Resi" die Damen- und Herrenschneiderei leitete und den Kostümfundus verwaltete. Von ihr wurde ich mit einem Smoking inklusive Smokinghemd und Lackschuhen versorgt. Als ich dann auf dem Schiff das gute Stück in hellem Licht betrachtete, war es nicht schwarz, sondern dunkelblau. Das wäre noch egal gewesen, aber der Smoking hatte Glanzstellen und war an den Ärmeln ziemlich abgewetzt, was man ja als Zuschauer im Theater auf die Entfernung gar nicht erkennen kann. Mir blieb nichts anderes übrig, als dieses antike Modell zum Käptn's Dinner anzuziehen. Ich versuchte, meine Arme immer etwas unter dem Tisch zu halten, wenn es die Situation erlaubte.

Die Reise führte uns von Guadeloupe an Französisch Guayana vorbei nach Belém in der Mündung des Amazonas. Von Belém waren es noch zwei Tage Fahrt flussaufwärts, bis wir Manaos erreichten. Dort blieben wir zwei Wochen. Ein großartiger Drehort war die berühmte Oper der Stadt mit ihrer gewaltigen vergoldeten Kuppel, der Werner Herzog mit Klaus Kinski als Kautschuk-Baron im Film „Fitzcarraldo" ein Denkmal gesetzt hat. Dort durfte ich mich auf der leeren Bühne an den Flügel setzen und spielen. Ein Erlebnis.

Wir wohnten im „Hotel Tropical", ein dem spanischen Barock nachempfundener ebenerdiger Bau. Die Nächte waren herrlich mild und der Caipirinha schmeckte hervorragend, so dass der erste Abend in der Tat „feucht-fröhlich" endete. Der Alkohol machte mich so übermütig dass ich in voller Montur in den hoteleigenen Pool gesprungen bin, im Wasser meinen Zimmerschlüssel verlor und um vier Uhr früh nass wie ein begossener Pudel zur Rezeption tapsen musste, damit mir jemand mein Zimmer öffnet. Unterwegs in den Gängen zur Lobby saß, wenn ich mich richtig erinnere, der Sohn des Produzenten und fragte mich, ob es draußen regnet. Er hatte auch ein Getränk in der Hand ...

In der Drehpause entdeckte mich ein entzückendes Faultier

Um sieben Uhr morgens wurde ich zur Arbeit abgeholt. Nach zu wenig Schlaf verließ ich das voll klimatisierte Hotel und wurde von einer Keule getroffen: 35 Grad am Morgen, 90 Prozent Luftfeuchtigkeit! Gott sei Dank versorgte mich ein

186

brasilianischer Kollege mit Guarana Bohnen, einem pflanzlichen Wachmacher. Die haben meinen Kreislauf gerettet und ließen mich den Zwölf-Stunden-Tag überstehen. Die restliche Zeit bin ich dann etwas vorsichtiger umgegangen, mit dieser gezuckerten Alkohol-Leckerei.

1990 bekam ich zum zweiten Mal das Angebot, in einer durchgehenden Serie die Hauptrolle zu spielen, und zwar in einem Sechs-Teiler, der „Stahlkammer Zürich" hieß. Es ging nach Amerika, Italien und Jugoslawien (es war der letzte Sommer vor dem Krieg in unserem Land). Ich spielte einen Privatdetektiv. In einer Schweizer Bank gibt es im Keller eine Stahlkammer mit verschlossenen Safes. Wird die Miete für den Safe nicht bezahlt, darf die Bank ihn öffnen. Ein Privatdetektiv dieser Bank wird losgeschickt, um über den Inhalt des Safes den Eigentümer ausfindig zu machen, ihm die Sachen zu übergeben, oder ihn zu bitten, seine Gebühren weiter zu bezahlen. Anhand dieser Gegenstände im Safe kam es immer wieder zu spannenden Geschichten. Da waren beispielsweise ein scheinbar harmloses Hühnerbein mit Krallen und eine Feder hinterlegt. Die Spur führte nach New Orleans zum Voodoo-Zauber. In einer anderen Folgen drehten wir in El Paso an der mexikanischen Grenze und in Chicago. Ich fühlte mich großartig: Ich durfte durch Amerika reisen und bekam es bezahlt. Und zum ersten Mal spielte ich eine Hauptrolle im Ausland.

Ich habe Deutsch gesprochen, die amerikanischen und mexikanischen Kollegen in ihrer Muttersprache. Ins Schleudern kam ich aber erst, als wir an der kroatischen Küste drehten. Mein damals auch in Deutschland sehr bekannter Kollege Relja Basic und die anderen Schauspieler sprachen ihre Texte natürlich auf kroatisch. Da hatte ich wirklich Mühe, bei meinem Deutsch zu bleiben!

Dann ging es für einen 90-Minüter nach Südafrika, Johannesburg, Kimberley und in die namibische Wüste. Klimatische Bedingungen: staubtrockene 45 Grad, lange Anfahrtswege und zwölf- bis vierzehn-Stunden-Arbeitstage wecken dann keine Urlaubsgefühle mehr, sondern arten in Knochenarbeit aus und gehen an die Substanz. Da war eine Schlägerei im Fluss (die im Drehbuch stand) schon eine willkommene Erfrischung.

Es wurde auf Englisch gedreht – für mich das erste Mal. Es war eine neue Erfahrung, in einer Fremdsprache zu spielen, d.h., ich kannte es ansatzweise, da ja kroatisch meine Muttersprache ist, und ich mir das Deutsch für die Bühne erarbeiten musste. Das hört sich aber einfacher an, als es ist. Denn Gefühle wie Liebe, Trauer und Verlassenwerden kenne ich aus meiner Kindheit und diese Emotionen korrespondieren daher mit den entsprechenden Worten in der kroatischen Sprache. Wenn ich eines dieser Worte ausspreche, löst es sofort die dazugehörigen Empfindungen in mir aus. Als ich nach Deutschland kam, musste ich die deutsche Sprache zunächst mit diesen Emotionen füllen. Und nun eine ähnliche Situation. Aber die englische Sprache war mir nicht so geläufig wie damals die deutsche. Und so arbeitete ich eher mit meinem optischen Gedächtnis, das heißt, die englischen Dialoge liefen wie ein Teleprompter vor dem inneren Auge ab.
Aber das sollten die Zuschauer ja nicht unbedingt merken.

Wenn jetzt bei 45 Grad auf heißen Flusssteinen in englischer Sprache eine Szene „gemastert", also im Ganzen durch gespielt und gedreht werden soll, dann wird's spannend.
Um die Szene zu „mastern", muss die Kamera sich meistens bewegen und damit der Kameramann sie nicht tragen muss, setzt man sie auf einen kleinen Wagen, den man Dolly nennt.

Damit der Wagen ruhig rollen kann, braucht er zwei Schienen. Diese Schienen werden vor Ort gelegt. Sie sind üblicherweise aus Aluminiumrohren, manchmal aus Kunststoff, unterschiedlich lang und werden von den Technikern mit einer Wasserwaage verlegt. Wenn beispielsweise zwei Personen ein Gespräch haben, während sie spazieren gehen, dann fährt der Dolly neben den Schauspielern her. Das nennt man Kamerafahrt. Und wenn eine Szene sehr lang ist, zum Beispiel eine Dialogszene über ein paar Seiten, die dann drei bis vier Minuten oder länger dauert, muss natürlich auch die Schiene lang sein. Schließlich will man die Szene am Stück drehen. Das bedeutet für jeden von uns: Möglichst keine Fehler machen!

Das erfordert von allen Abteilungen, also vom Dollyschieber, Kameramann, Schärfenzieher, Kamera-Assistenten bis zu den Schauspielern höchste Konzentration und Teamwork, damit man die Szene nicht zu häufig wiederholen muss. Manchmal gibt es auch erschwerte Bedingungen, nämlich dass man die Schiene überqueren muss, ohne zu stolpern, ohne auf die eigenen Füße zu schauen, und das Ganze möglichst unauffällig elegant. Eine Steigerung ist es, zu zweit nebeneinander in der engen Schiene auf die Kamera zuzugehen und gleichzeitig den Dialog zu gestalten. Sollte das alles gut geklappt haben und der Regisseur zufrieden sein, kann es schon mal vorkommen, dass er einen berufsspezifischen Scherz macht und sagt: „Das war sehr gut. Was machst Du hauptberuflich?"

Apropos Schiene: In dem Zusammenhang fällt mir eine amüsante Anekdote ein, die mir Hans Brenner erzählt hat. Er und Helmut Qualtinger drehten im tiefsten Winter irgendwo in den Bergen die „Alpensaga". Die beiden kamen etwa um sechs Uhr morgens an einem abgelegenen Bergbauernhof an.

Los gehen sollte es um acht. Der Bauer bot ihnen natürlich einen Schnaps an zum Aufwärmen, dann noch einen und vermutlich noch einige. Sie kamen ans Set und sahen eine lange, lange Schiene. Qualtinger wusste, was ihm bevorstand, als er dieses Folterinstrument sah. Er griff sich ans Herz, mimte einen Herzanfall, wurde sofort runter ins Dorf zum Arzt gebracht, und war zwei Stunden später wieder am Set. Er sah die auf ein Drittel gekürzte Schiene und spielte seinen Dialog in Portionen.

19

Berufskrankheiten oder die „professionelle Deformation"

Ein Schauspieler spricht auf der Strasse einen Kollegen an:
„Du, ich habe dich gestern in der Straßenbahn gesehen."
„Und, wie war ich?"

Für diese Ich-Bezogenheit von Theaterschauspielern und auch für die Eigenart, sich so gern nach anderen Kollegen zu erkundigen, an welchem Theater sie zur Zeit arbeiten und mit wem, hatte Max Frisch eine glaubwürdige Erklärung gefunden:

Die einzigen Zeugen für ihre eigene berufliche Existenz sind eben im Grunde nur jene Kollegen, mit denen man zusammen gespielt hat. Sie sind sozusagen der lebende Beweis für Erfolg oder Scheitern und wenn sie sterben, verliert man nicht nur einen Freund, sondern auch einen Zeitzeugen. Jedenfalls traf diese Erklärung für das Theater zu. Beim Fernsehen sind alle Beweismittel gespeichert. Allerdings ist es nicht immer ein Vorteil, die Anfänge seiner Rollengestaltung als Beleg vorliegen zu haben.

„Haben Sie Lampenfieber?", werde ich oft gefragt. „Ja" kann ich da nur antworten und es ist mir über all die Jahre erhalten geblieben. Es ist eines der obersten Gebote unseres Berufes zu lernen, sich genau auf den Punkt zu konzentrieren. Ein Beispiel: Hat man nur einen kurzen Auftritt, mit ein paar Sätzen, der vielleicht fünf Minuten dauert, sollte man sich vergegenwärtigen, dass man nur diese Sätze und diese fünf Minuten zur Verfügung hat, um das Publikum und vielleicht auch die Kollegen zu überzeugen. Das entspannt einen nicht gerade.

Wie man sich auf einen solchen Auftritt vorbereitet, ist ganz egal, man kann vorher zum Bungee-Jumping gehen, oder sich in einem dunklen Zimmer einsperren, es zählt nur dieser Auftritt, diese fünf Minuten, und an denen wird man gemessen. Bis man das begreift und bis man gelernt hat, damit umzugehen, vergeht Zeit. Hoffentlich nicht zu viel, sonst ist man womöglich raus aus dem Geschäft. Übrigens nennt man so kleine Rollen auch „Wurz'n". „Eine Wurz'n spielen" bedeutet, eine besonders unattraktive Rolle zu haben, in der man wenig Text hat, aber viel auf der Bühne rumstehen muss, bis man „Wurzeln schlägt".

Sich genau auf den Punkt zu konzentrieren: Darum geht es in unserem Beruf, ganz abgesehen von Begabung und Disziplin. Theaterpremieren können unangenehm werden. Das Lampenfieber ist manchmal wie eine Art Malaria-Anfall. Man weiß nie, ob und wann er einen überfällt. Auch wenn man vor der Premiere ganz ruhig ist, sagt das noch lange nichts darüber aus, wie es sein wird, wenn man die Bühne betritt. Erst da merkt man wirklich, ob man nervös ist oder nicht, der Mund austrocknet, einem der Text entfällt, ob man überhaupt noch weiß, wie man heißt oder in welchem Stück man sich befindet. Man spielt ja, wenn man in einem festen Theaterengagement ist, fünf bis sechs unterschiedliche Stücke in einer Spielzeit, d.h. jeden Abend ein anderes. Wenn man dann „hängen" sollte, so nennt man diese Blutleere im Kopf, gibt es nur noch die Möglichkeit, sich an die Souffleuse zu wenden mit den Worten: „Keine Details, bitte – welches Stück", so ein überlieferter Theaterspruch. Ich erinnere mich an einen meiner ersten Theaterauftritte in Köln. Ich öffne eine Tür und betrete die Bühne, schließe die Tür hinter mir. Ich stehe da, schau auf den Kollegen, er schaut mich an und es fällt mir einfach nichts mehr ein. Und diese Stille kommt einem wie eine Ewigkeit vor, obwohl es sich nur um einige Sekunden handelt. Da kann die Souffleuse noch so laut vorsagen, flüstern oder zischeln, in dem Moment hört und versteht man gar nichts, weil auch die Ohren irgendwie zu sind, taub, wie unter Wasser. Später lernte ich solche Momente sogar zu nutzen, da sie vom Zuschauer aus betrachtet als interessant empfunden werden, weil sie ihm endlich die Zeit bieten, über das Gesprochene nachzudenken oder sich einfach der Wirkung auf der Bühne hinzugeben. Einfach gesagt: Man hat mehr Zeit auf der Bühne als man glaubt. Dieses Phänomen gibt es auch in der Musik. Bei Live-Konzerten neige ich dazu, das Tempo der Songs als zu langsam zu empfinden.

Hier mit Hans Korte als Vater,
der auch Regie führte

Der „Snob" ist eine Riesenrolle mit vielen Szenen, langen Monologen und fast drei Stunden Bühnenpräsenz. Da besteht die Gefahr, dass man, bevor man auftreten muss, alles noch mal durchgehen möchte und anfängt, darüber nachzudenken, wie der Text des Monologs beginnt, der nach der Pause kommt. Wenn einem dann eine Formulierung nicht gleich einfällt, kann es sein, dass man sich für die Szene blockiert, mit der man im nächsten Moment auftreten muss.

Bei der Premiere „ein Volksfeind" von Henrik Ibsen, wartete ich hinter der Bühne, war erstaunlich ruhig und dachte noch: „Prima, das läuft heute!" Dann trat ich auf, fing an zu sprechen und während ich redete und spielte, sprach gleichzeitig eine innere Stimme, also ich selbst, zu mir: „Es könnte sein, dass dir gleich der Text nicht mehr einfällt. Um Gottes Willen, denk nicht darüber nach, dass es passieren könnte, sonst passiert es. Lass einfach automatisch weiterlaufen, versuch nicht vorauszudenken. Lass es sich erschließen aus der Szene. Schau die Kollegin an, spiel mit ihr. Es ist gut geprobt, Du kannst es. Es läuft doch, und so weiter". Und es dauerte fünf Minuten und es dauerte zehn Minuten und 20, aber ich spielte trotzdem immer weiter. Dann wieder eine Angstattacke und die Überlegung: „Wenn mir nichts mehr einfällt, dann gehe ich an die Rampe und sage einfach zu den Zuschauern: „Tut mir leid, meine Damen und Herren, Sie können jetzt nach Hause gehen, mir fällt leider nichts mehr ein ...", aber das passierte natürlich nicht, wie es überhaupt selten zu einem Ausfall kommt, doch diese Gedanken quälten mich fast den ganzen ersten Akt lang und dann waren sie plötzlich weg. Seltsam?

Im Übrigen haben das viele Schauspieler. Man spricht manchmal untereinander darüber und die Kollegen sind wohl die einzigen, die so etwas verstehen können, weil sie es am eigenen Leib erlitten haben. Und dieses Lampenfieber lässt mit dem Alter leider nicht nach, aber man entwickelt im Laufe der Jahre ein paar Tricks, um diesen Feind zu überlisten. Es ist ein merkwürdiges Phänomen, das ich bei musikalischen Produktionen nicht habe, obwohl es da eigentlich noch schwieriger ist, da die Musik weiterläuft, auch wenn man einen Texthänger hat. Fazit: Man darf darüber eigentlich gar nicht nachdenken (das ist eben leicht gesagt). Es bleibt einfach unberechenbar, schwer kontrollierbar. Witzige Kollegen sagen an dieser Stelle: „Augen auf bei der Berufswahl!"

Es gab eine wissenschaftliche Versuchsreihe mit Belastungsmessungen für Schauspieler, bei der festgestellt wurde, dass eine Premierensituation ähnliche Gehirn-Ausschläge aufweist, wie die eines Jetpiloten während seines Flugeinsatzes.

Als ich am Residenztheater in dem Brecht-Stück „Mutter Courage" den Sohn Eilif spielte und sang, fiel mir während einer Vorstellung eine Textstrophe nicht mehr ein. Ich improvisierte wild drauf los und versuchte die fehlende Strophe mit irgendwelchen Worten, die mir gerade durch den Kopf schossen, zu überbrücken. Erst beim Refrain fiel mir der Originaltext wieder zu und der weitere Verlauf des Liedes war gesichert. Als ich nach meinem Auftritt den Inspizienten und die auf ihren Auftritt wartenden Kollegen verzweifelt-belustigt auf meinen Aussetzer ansprach, reagierten sie mit Erstaunen. Ich stellte fest, dass ihnen meine abhanden gekommene Strophe gar nicht aufgefallen war. So mag es den Zuschauern vielleicht auch ergangen sein. Da fragt man sich dann manchmal auch, ob einem überhaupt jemand richtig zuhört.

Es gab eine Kollegin, die den ersten Auftritt des Premierenabends hatte und die während der Proben immer ohne Probleme mit dem Löffel in ihrer Teetasse rührte, dazu sprach und trank. Bei der Premiere war nur noch das Geschepper der Tasse und des Löffels zu hören. Sie selbst nicht. Sie zitterte so, dass sich die Requisiten verselbstständigten. Da nimmt man sich natürlich für die nächste Rolle vor, besonders wenn es sich um den Beginn des Stückes handeln sollte, möglichst nur geräuscharme Requisiten zu benutzen, oder gar keine.

Dass Schauspieler eben nicht nur Künstler sind, sondern auch praktisch veranlagt sein müssen, erzählt eine Anekdote über Sir Laurence Olivier, den Weltklasse-Schauspieler, vielen bekannt aus dem Film „Marathon Man". Er wird von einem ziemlich eitlen Kollegen, der den „Lear" in Shakespeare's gleichnamigen Drama spielen soll, gefragt, ob er ihm einen Tipp für diese Rolle, die er ja selbst auch mal gespielt habe, geben könnte. Da antwortet Sir Laurence Olivier mit feinem Sarkasmus: „Suchen Sie sich für die Rolle der Cordelia eine federleichte Kollegin aus.", auf Englisch: „Take a small Cordelia". Diese jüngste von Lears drei Töchtern und einzige, die ihn wirklich liebt, stirbt ja am Schluss. Und er muss sie als „Lear" hochheben, vor zum Bühnenrand tragen und sie dort wieder langsam auf den Boden legen … und das jeden Abend.

Manchmal sind Schauspieler wie Kinder und machen gern Blödsinn. Ich habe mich mal in eine Vorstellung geschlichen, in der ich gar nicht mitspielte und habe dort einfach mitgesungen und natürlich versucht, die Kollegen zum Lachen zu bringen. Einer dieser Kollegen ist dann an einem anderen Abend in meinem Stück aufgetaucht, als Retourkutsche. Dem Publikum fällt so etwas meist gar nicht auf. Oder es ist befremdet, warum in dieser Szene gelacht wird, obwohl gar kein Anlass dazu besteht.

Im Stück „Happy End", meiner ersten Rolle in Köln, sitzen wir Gangster dicht gedrängt auf einer Bank und der Kommissar fragt der Reihe nach unsere Alibis ab. „Wenn du dein Alibi heut Abend auf kroatisch sagst", stiftete mich ein Kollege an, „sag' ich darauf: Das war kroatisch, wie in der Sendung mit der Maus". Ich war Anfänger, hatte also noch nicht viel Erfahrung, und sagte bei der Vorstellung mein Alibi auf kroatisch. Die Kollegen fingen an zu lachen und der Kommissar, der uns verhören sollte, bekam kein Wort mehr heraus – der Kollege, der mich dazu angestiftet hatte, leider auch nicht. Nicht mal: „Das war kroatisch". Irgendein anderer hat dann sein Alibi übernommen, um die Situation zu retten. Ich bekam einen Verweis von der Abendregie, dass ich mich als junger Schauspieler gefälligst diszipliniert zu verhalten habe.

Mein Freund und Schauspielkollege Hans Stetter erzählte mir eine rührende Geschichte, die allerdings nicht auf der Bühne, sondern hinter den Kulissen des Berliner Schillertheaters stattgefunden hat.

Es wurde ein Stück von Heinrich von Kleist gespielt. Nach der Vorstellung gehen vier an dem Stück beteiligte Kollegen in ihre Stammkneipe zu „Nutten Paule" und nach etlichen geistigen Getränken werden sie sentimental. „Unser armer Heinrich liegt da ganz allein auf dem Friedhof, während wir hier fröhlich zusammen sitzen", sagen sie, den Alkohol verdunstend. Deshalb lassen sie sich vom Wirt mitten in der Nacht ein Taxi bestellen und fahren mit einer Flasche Champagner und Champagnergläsern zu Kleists Grab, um einen auf ihn zu heben. Ein Teil des Champagners wird übers Grab gegossen, den Rest trinken sie selbst. Dann fällt einem ein, dass der arme Heinrich da unter der Erde liegt und frieren könnte und daher ziehen sie in ihrem Suff alle ihre Hemden aus und legen sie auf sein Grab. Sie lassen sich, so hemd-los wie sie sind, wieder zu „Nutten Paule" zurückfahren, um noch ein kleines Getränk zu sich zu nehmen und sich wieder aufzuwärmen. Am nächsten Tag wird das Stück von Heinrich von Kleist wieder gespielt und als die Schauspieler vor der Vorstellung in ihre Garderobe kommen, liegen da vier Päck-chen. Sie öffnen die Päckchen und ziehen vier feingebügelte Hemden heraus mit jeweils einem Zettel dran: „Danke, Euer Heinrich."

„Nutten Paule" hatte also auch ein Herz für Schauspieler.

20

Mein Freund Erich

Mein Freund Erich und ich haben so manche Sommerferien (am Theater waren das 42 Tage Tarifurlaub), also eine Menge Zeit, in Opatija mit meiner ganzen Familie verbracht. Erich hatte ein Schlauchboot mit 25 PS-Außenbord-Motor. Damit sind wir die Buchten zwischen Opatija und der Insel Cres abgefahren und hatten in dieser Zeit so manchen Kieselstrand für uns allein. Wir hatten Käse, Salami und Brot dabei, auch eine kalte Flasche Wein und ein paar Bierchen fehlten nicht in der tragbaren Kühlbox. Das war absolut nach unserem Geschmack und der erholsamste Urlaub, den man sich vorstellen kann. Nach dem Imbiss und dem Glas Wein schlief man meistens ein in der heißen Sonne, an kühleren Tagen las man ein Buch im Schatten der wenigen Felsen. Danach wurde Wasserski gefahren. Um es noch spannender zu machen versuchten wir es mit einem Mono-Ski. Da der Außenborder zu schwach war, um uns auf einem Ski aus dem Wasser zu ziehen, haben wir eine Technik entwickelt, den zweiten Ski während der Gleitfahrt abzuschnallen und den Fuß in die dafür vorgesehene Halterung im Mono-Ski zu platzieren. Dieses Manöver gelang natürlich nicht immer, aber es spornte uns umso mehr an, es so lange zu versuchen, bis es klappte. Abends waren wir dann erschöpft und zufrieden und entweder man aß zusammen im Haus oder ging noch auf einen Abendspaziergang am „Lungo Mare", bevor man seelig entschlief, schon in Vorfreude auf den nächsten Tag. Es kam vor, dass wir morgens zum Boot fuhren, das Wetter aber nicht mitspielte, also zu viel Wind, Wellen, vielleicht auch ein heranziehendes Unwetter. Dann setzten wir uns in unsere Lieblingshafenkneipe, tranken Kaffee und plauderten. Wir aßen eine Kleinigkeit, sprich Cevapcici oder Raznjici, weil es ja schon Mittag geworden war bei den Gesprächen, die wir während des Wartens führten. Und irgendwann war das Warten und das Wetter, es hatte sich zwischenzeitlich prächtig entwickelt, nicht mehr wichtig, sondern nur noch die Gespräche, die wir führten. Und so konnte es dann auch schon mal Abend werden, bevor wir, ohne das Boot benutzt zu haben, nach Hause fuhren, um zu duschen und die Familie zu treffen, der wir an diesem Tag von keinem Abenteuer mit Seegang und Wind berichten konnten, die sich aber, da wir ja den ganzen Tag unterwegs waren, trotzdem Sorgen gemacht hatten und obwohl wir satt waren, kamen wir nicht um das üppige gemeinsame Abendessen herum.

Meine Mutter liebte den Erich wie einen zweiten Sohn, und er wurde von ihr sozusagen inoffiziell adoptiert. Erichs Mutter war früh gestorben, im Alter von 48 Jahren, das war 1977, genau in dem Jahr, in dem ich in Köln ans Theater kam und Erich und ich uns kennenlernten.

Ab dem Zeitpunkt, also 1981, als ich nach München kam und am Theater an den meisten Feiertagen, außer an Weihnachten, gespielt wurde, also ich Vorstellungen hatte, und nicht nach Zagreb oder Freilassing konnte, wurde ich im Gegenzug als Freund von Erich selbstverständlich auch von seiner Familie zu den kirchlichen Festen, aber auch zu Geburtstagen und anderen Anlässen eingeladen. So bekam ich in München auch eine Ersatzfamilie. Ich lernte Erich Hallhuber senior kennen, Erichs Schwestern, seine Tanten und Onkel.

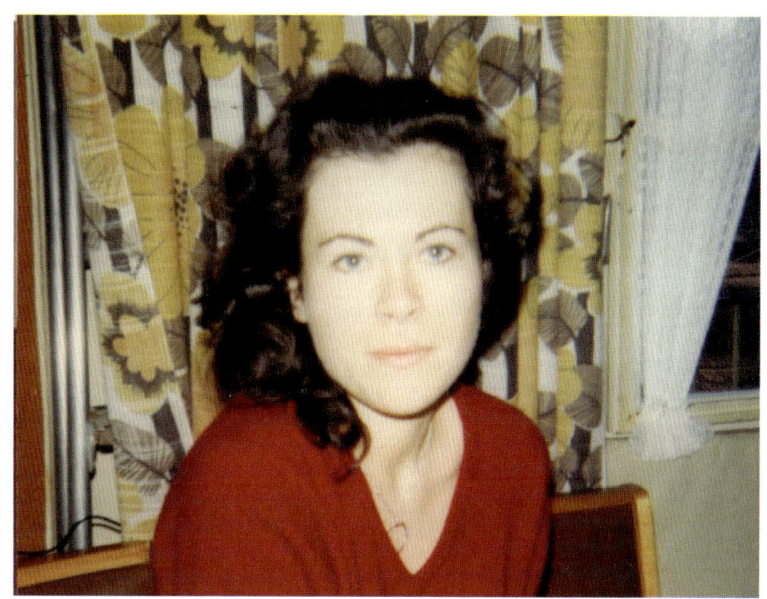

Rita bei meiner Familie in Zagreb

Erich und ich in den Kornaten

Erich und ich
bei einer Feier
im „Resi"

Ankermanöver mit Erichs nacktem Po

In Opatija: Rita und Nevenka – „Rita gut Frau"

Kochkonzentration

Beim Schuhkauf in Hamburg
Nicht, dass wir sie beraten sollten ... dabei sein ist alles

Dreharbeiten vor der Oper in Manaos

„Volksmusik"-Tatort mit Veronika Ferres und den Biermösl Blosn

Hier spielen wir eine Familie: Janina Hartwig und ich

Eigentlich bin ich ganz anders ....

... nur komm ich so selten dazu

„Hand in Hand“-Benefizkonzert der drei Tatort-Kommissare

Tatort „Starkbier“

Tatort „Häschen in der Grube"

Undercover

„Hand in Hand" kauft von den Spendengeldern das erste Haus in Oprtalj

Einige Kinder von Oprtalj

Die „Miro Nemec Band", die mit vollem Einsatz für „Hand in Hand"
Spenden einfuhr und mittlerweile ihr 15-jähriges Jubiläum feiern kann

Von Anfang an dabei,
mein Freund,
der weltklasse Saxophonist
Klaus Kreuzeder

Asphyxia ... immer noch gut in Schuss

ASPHYXIA (=Atemnot, -stillstand) v.l.o.n.r.u.: Mirko Rois, Drums - Gerwin Eder, Gitarren
Gerhard Hinz, Bass - Maryam ElGhussein, Gesang, Perc - Miro Nemec, Gesang, Klavier
August Zirner, Querflöte - Klaus Kreuzeder, Saxophon - Tina Hinz, Keyboards, Gesang

Im Lauf der Zeit hat Asphyxia sich um die Frauenquote gekümmert
und unser Freund August Zirner ist ein gern gesehener und gehörter Gast

Die Kongas sind der perfekte Ersatz für die alten Waschmittelkübel
in Gerhards Probenkeller

Die Freude am gemeinsamen Rocken
ist uns trotz der langen Jahre nie abhanden gekommen

Hier versuche ich mit der Kappe von Jürgen Flimm
so seriös auszusehen, wie er ohne

Er hat uns drei nach Bochum zum „Century of Song" eingeladen
und damit auch die Initialzündung für ein paar weitere Konzerte
von Jan Josef Liefers, Uwe Ochsenknecht und mir gegeben

Beim Integrationswettbewerb im Berliner Schloss Bellevue
Unter anderem: Peter Maffay, Frau Rau, Rita Süßmuth,
Johannes Rau, Erol Sander und Bro`Sis

Mit Johannes Rau, der hier noch nicht weiß, dass seine Frau in dieser
Nacht beim wilden Tanz ihre Schuhe von sich werfen wird

„Männer", von links nach rechts: Jochen Noch, Rainer Piwek,
Stefan Merki, Jean-Pierre Cornu, Christian Friedel, ich und Stephan Zinner

Mein Vater mit seiner geliebten Enkelin Nina

Zu dieser Zeit wohnte ich mit Rita in ihrem Zwei-Zimmer-Appartement. Es gab keine Rückzugsmöglichkeiten, was eine Zeitlang gut ging, da wir aber beide sehr impulsiv waren und sind, flogen oft die Fetzen und unser lieber Erich musste uns Streithähne wieder besänftigen. Trotz all dieser freundschaftlichen Versuche trennten Rita und ich uns. Was bis heute bleibt, ist die große Vertrautheit und Zuneigung zwischen ihr und mir.

Ich zog also aus und fragte Erich, ob ich vorübergehend bei ihm einziehen könnte. Er hatte nach dem Tod seiner Tante deren Vier-Zimmer-Wohnung in einem Altbau in Haidhausen übernommen. Aus „vorübergehend" wurden ungefähr eineinhalb Jahre. Fünf Katzen bevölkerten in dieser Zeit unsere Wohnung. Zwei davon hatte er aus Südtirol vom Skifahren mitgebracht. Es war ein Geschwisterpaar, Wilma und Firlefanz. Firlefanz, auch Aquinus genannt (also der am Wasser gebaute, weil er oft gejammert hat), verhielt sich eher wie ein Hund, hörte auf Kommandos und ließ sich zu Weihnachten sogar mit selbstgemachten Vanillekipferln von uns füttern. Wilma bekam von irgendeinem unbekannten Galan vier Junge. Vier Wochen später mussten wir sie wegen einer Bauchfellentzündung einschläfern lassen. Wir haben die kleinen, anfangs sehr verstörten Rabauken mit dem Milchfläschchen großgezogen. Wir tauften den Nachwuchs auf Demosthenes (der immer schrie), Kuriosa (die einen Hau weg hatte und immer an ihrer Hinterpfote zuzelte und zwar ziemlich laut während des Fernsehguckens), Mimosa (die wirklich sehr empfindsam war) und Prinzessin (die ihrem Namen Ehre machte). Demosthenes schenkten wir einem namenhaften Filmproduzenten, aber eine boshafte Absicht sollte man uns dabei nicht unterstellen.

Kurz darauf war ich ohne Dach über dem Kopf. Das erfuhr ich im Urlaub in Kroatien. Erich kam ein paar Tage nach mir in Opatija angereist und erzählte, dass das Haus in dem wir wohnten, verkauft worden sei und der neue Eigentümer den Altbau renovieren lässt, das heißt, alle mussten ihre Wohnungen verlassen. Meine Habseligkeiten wurden während dieser Renovierungsarbeiten von einer Etage in die nächste geschleppt, mit dem Ergebnis, dass bei meiner Rückkehr die Stereoanlage geklaut war. Ich konnte nur noch meine Gitarre und meine zusammengerollte Ikea-Schaumstoffmatratze aus der Baustelle retten. Erich hatte einen Mietvertrag und so wurde ihm eine kleine Ersatzwohnung zur Verfügung gestellt. Ich musste mich selbst auf die Suche nach einer neuen Unterkunft machen.

Als ich fündig wurde, rief ich ihn an, um zu berichten, in welcher Straße ich wohnen werde. „Das gibt's doch nicht", sagte er und fing furchtbar an zu lachen. Mein neues Domizil lag nur zwanzig Schritte ums Eck von seiner Wohnung! Da ich nach diesem Urlaub die ersten Wochen mit Theaterproben und Wohnungssuche beschäftigt war, kannte ich Erichs neue Unterkunft noch nicht. Jedenfalls war ich angenehm überrascht. Wir lebten also wieder, wenn auch ungeplant, in Nachbarschaft. Diesen Schicksalswink nahmen wir ernst und beschlossen, diesmal geplant, zusammenzuziehen. Am Stadtrand fanden wir einen großen Bungalow, dessen Vermieter uns sofort akzeptierte und nicht erst nach unserer Bonität fragte.

In diesem Bungalow lebten Erich und ich dann sechs Jahre zusammen, von 1984 bis 1990. Allerdings hätte auch, kurz nach unserem Einzug, alles anders kommen können: 1986,

wie schon berichtet, kam ein neuer Intendant ans Residenztheater und machte uns durch die Nichtverlängerung unserer
Verträge zu Freiberuflern. Unsere Zukunft war also ungewiss.
Wir wussten nicht, wann wir das nächste Engagement bekommen würden. Wir dachten deswegen schon daran, unsere
Bleibe zu kündigen und eine günstigere Wohnung zu suchen.
Doch mittlerweile hatte ich eine neue Freundin. Wir boten
ihr an, bei uns einzuziehen, wir hatten Platz genug und zu
dritt konnte man die Kosten besser stemmen. Meine Freundin hieß mit Nachnamen Spanier und deshalb stand dann
an unserem Briefkasten: Hallhuber, Nemec, Spanier. Eines
Tages fragte unser Postbote: „Und? Wi hoast da denn, eier
Spanier?"

Erich war ein großer Freund der Literatur und – wie schon
gesagt – der Musik. So saßen wir oft abends in unseren
„Strampelanzügen", wie er das nannte, also den Schlafanzü-
gen (Erich immer in Frottee) auf unseren bequemen Sesseln
vor der Stereoanlage und ließen es „rauschen". Jedes Jahr vor
Weihnachten wurde Punsch gemacht und die Verfilmung
von „Drei Männer im Schnee" des Schriftstellers Erich Käst-
ner angeschaut. In der Filmsequenz, wo der Sohn aus seinem
Winterparadies die Mutter in der nahe gelegenen Metzgerei
anruft, weil sie arm sind und noch kein eigenes Telefon besitzen, wurde regelmäßig geheult. Erich war ein großer Käst-
ner-Fan und hat daher auch seinen Sohn nach einem von
Kästners Romanen benannt, „Fabian".

Sein liebstes Hobby war die Fliegerei. Sein wahrer Berufs-
wunsch: Pilot oder Papst. Im Sommer 1983 entschlossen wir
uns zwei Prüfungen zu machen: Erich lernte für die PPL (Private Pilote Licence) und ich für den Sportboot-Führerschein
Küste. Beides klappte.

Den ersten Flug mit seiner neu erworbenen PPL machten wir gemeinsam und zwar auf einer Cessna des Flughafen-Clubs Oberpfaffenhofen. Wir sahen uns Bayern von oben an und machten Zwischenlandungen auf kleinen Grasbahnen. Erich machte das schon sehr professionell und überzeugend, ich hatte keine Angst. In der Luft dachte ich ein paar Mal: „Gut, wenn wir abstürzen, dann wenigstens zusammen".

In den kommenden Tagen übten wir auf dem alten Münchener Flughafen, der damals noch in Riem lag, „Touch and Goes", also kurz den Boden berühren und dann die Maschine gleich wieder hoch ziehen, „Short Approaches", wo wir die Cessna schnell und kurz zwischen zwei größeren Maschinen landen mussten und dann weg von der Landebahn. Aufregend! Ein paar Wochen später charterten wir unser erstes Boot mit Kajüte und machten einen Turn durch die kroatischen Kornati-Inseln.

Am Theater und in beruflichen Dingen war er immer bemüht, mich aufzubauen, mir Mut zu machen, wenn auch nicht ohne Kritik, besonders wenn ich mir durch mein Lampenfieber etwas versaut hatte. Im privaten Bereich hat er sich erlaubt, kritischer zu sein, was ich besonders geschätzt habe. Alles ging fast neidlos zu. Selbst bei Frauen sind wir uns selten in die Quere gekommen. Es war eine richtige Männerfreundschaft. Wir konnten uns stets sicher sein, dass der eine versuchte, den anderen zu verstehen und dass die Dinge, die wir besprachen, nicht nach außen drangen.

1990, als wir beide schon ganz gut verdienten, hatte ich den Wunsch, wieder in die Innenstadt von München zu ziehen, und als eine wunderschöne Altbauwohnung einer Kollegin in Schwabing frei wurde, griff ich zu. Unsere Freundschaft blieb.

Die ersten Monate fiel es mir jedoch ziemlich schwer, mich an das Allein-Leben zu gewöhnen, unsere Zweier-WG hatte deutliche Spuren hinterlassen. Mir fehlten die Gespräche, das gemeinsame Kochen, die neuen Kontakte, die man durch den anderen knüpfte, die vertraute Zweisamkeit. Allerdings blieb mir nicht viel Zeit, darüber nachzugrübeln, denn schon im Sommer 1990 verließ ich München zu Dreharbeiten in die USA, nach Italien und Jugoslawien für den schon erwähnten Sechs-Teiler „Stahlkammer Zürich". Und im Herbst desselben Jahres, nach meiner Rückkehr, stand schon der Jugoslawien-Krieg vor dem Ausbruch.

Im Herbst 2003 wollte Erich im Anschluss an unseren gemeinsamen Urlaub in Italien mit seinem Sohn aufs Oktoberfest gehen. Eines Abends rief mich Fabians Mutter an und meinte, er sei an dem verabredeten Tag nicht erschienen. Das sei sehr seltsam, denn die Verabredungen mit seinem Sohn würde er nie versäumen. Er wäre auch telefonisch in seiner Münchener Wohnung nicht erreichbar, die beiden lebten getrennt. Zunächst dachte ich, Erich sei, ohne jemandem etwas zu sagen, verreist, mit wem auch immer, ich wusste es nicht. Und in diese private Entscheidung wollte ich mich aus vorhin beschriebenen freundschaftlichen Gepflogenheiten, nicht einmischen. Ich sprach ihm auf die Mailbox, aber es kam kein Rückruf. Das war ungewöhnlich und meine Sorge und Unruhe wuchsen.

Es war noch Ferienzeit in Bayern und Rita Russek, die in München im gleichen Mehrparteienhaus wohnte wie Erich, erreichte ich erst spät in der Nacht in ihrem italienischen Urlaubsdomizil, von wo aus sie sofort eine Nachbarin in München mobilisierte, die einen Schlüssel zu Erichs Wohnung hatte. Diese Frau fand Erich dann, tot auf dem Bett liegend.

Er muss in diesem heißen September schon drei Tage lang so gelegen haben. Es wurde eine erweiterte Lunge bei ihm festgestellt, so der Obduktionsbericht. Neben ihm lag seine Asthmapumpe. Ihr Gebrauch kann im schlimmsten Fall zu einem Atemstillstand führen. Wenn sich beim Einatmen die Lunge zu schnell erweitert, kann es zu einem tödlichen Krampf kommen. War das die Todesursache? Das konnte nach den drei heißen Tagen nicht mehr festgestellt werden. Sicher war nur, dass er sich nicht selbst getötet hatte und dass auch kein Fremdverschulden vorlag.

Erich ist 52 Jahre alt geworden. Erst wenige Wochen zuvor im Urlaub war er noch voller Ideen und Pläne, agil und bester Dinge. Für mich persönlich ist es ein unersetzlicher Verlust.

Oft habe ich mir Gedanken darüber gemacht, ob ich mich richtig verhalten habe. Hätte ich mir schon früher Sorgen um meinen Freund machen sollen? Wäre das in seinem Sinne gewesen? Zumal sich unsere entspannte Aufmerksamkeit füreinander eingespielt und auch bewährt hatte.

Und: Wie weit darf man sich in ein fremdes Leben einmischen, auch wenn es das Leben des besten Freundes ist? Einerseits will man natürlich die Grenzen des anderen respektieren, andererseits aber auch Verantwortung übernehmen. Es ist schwer, hier die Balance zu finden ...

Er fehlt.

21

Tatort

Das Angebot, beim „Tatort" mitzuwirken, kam 1989. Nicht ganz unschuldig daran war der Regisseur und Drehbuchautor Bernd Fischauer, der mich im „Tod eines Handlungsreisenden" von Arthur Miller am Volkstheater gesehen und mich dann in seiner Serie „Die Wiesingers" besetzt hatte, in der Rolle des Nationalsozialisten Oberlein und künftigen Schwiegersohns vom Wiesinger. Die Geschichte drehte sich um eine Münchener Bierbrauerfamilie in der Zeit zwischen den beiden Weltkriegen und lief sehr erfolgreich, erst im Vorabendprogramm des bayerischen Rundfunks, später im Abendprogramm. Das wirkte sich für mich äußerst positiv aus – mein Bekanntheitsgrad stieg und ich bekam mehr Angebote.

Genau zu dieser Zeit suchte der Bayerische Rundfunk einen neuen Tatort-Kommissar. Es war im Frühling 1989, ich war gerade zu Besuch bei meinen Tanten in Opatija, als das alte Bakelit-Telefon im Flur ihres Häuschens klingelte. Es war meine Agentin aus München, Hannelore Dietrich, und sie berichtete mit begeisterter Stimme, ich sei in der näheren Auswahl für den neuen Münchener Tatort-Kommissar. Es gebe ein Treffen mit den zuständigen Machern, ich solle mich in mein Auto schwingen und nach München kommen, was ich natürlich sofort und hoch erfreut tat. Alles begann mit einer Einladung zum Essen mit dem Produzenten der Bavaria, dem Unterhaltungschef und der Redakteurin des Bayerischen Rundfunks. Udo Wachtveitl rief mich an: „Sag' mal, wie findest du das! Jetzt laden die uns beide ein. Die wollen uns gegeneinander antreten lassen." Udo kannte ich flüchtig vom Synchron. „Da gehen wir hin!", sagte ich, „Da gibt's was umsonst zu essen." Das war natürlich nur ein Scherz, denn die Situation war für uns beide unangenehm.

Udo erzählt bis heute gern, wie ich in meinem Freilassinger Bayerisch ein alkoholfreies Bier bestellte, um meine Befähigung für die Rolle unter Beweis zu stellen. Es war schon eine merkwürdige Situation, weil wir glaubten, uns in einem Wettbewerb zu befinden. Bis die erlösenden Worte kamen: „Wir möchten Sie beide haben! Wir brauchen zwei Kommissare." Daraufhin bestellte ich mir noch ein Bier – auf bayerisch – dieses Mal mit Alkohol!

Zunächst mal war es einfach ein tolles Angebot. So wie bei den „Wiesingers" eine durchgehende Rolle in einer Reihe zu verkörpern, die klug konzipiert war. Andererseits gab es damals immer noch die Ressentiments der Kollegen am Theater. Sie fanden es nicht so prickelnd, dass ich jetzt in einem Fernsehkrimi mitspiele. Dazu kam, dass aus der damaligen politischen Haltung heraus ein Polizist nicht gerade unser Vorbild war. Ich fühlte mich mehr als Robin Hood denn als Sheriff von Nottingham.

Bevor es richtig losging, führten wir über ein halbes Jahr Gespräche, wurden also von den Verantwortlichen schon früh in die Entwicklung unserer Figuren mit eingebunden. Welche Gemeinsamkeiten sollten die beiden haben, worin sich unterscheiden und aus welchem Umfeld kommen? Wer sich aber in einer bestimmten Situation wie verhalten wird, musste dann erst in konkreten Szenen detailliert herausgearbeitet werden. Schon beim ersten Drehbuch brachten Udo und ich uns in die Arbeit an den Dialogen, den Ablauf und die Zusammenhänge des Kriminalfalles mit ein. Gemeinsam mit Regisseur, Autor und Redaktion entwickelten wir eine überarbeitete Fassung. Diese fruchtbare Kooperation haben wir 20 Jahre lang weiter entwickelt.

Leider ist im Dezember 2010 unsere geschätzte und kämpferische Redakteurin Silvia Koller verstorben. Sie war es auch, die damals meine Figur, den Batic, als den emotionaleren, eruptiveren angelegt hatte. Wegen meiner südländischen Herkunft und natürlich auch aufgrund meines sozialistischen Hintergrunds sollte der Batic vom Gerechtigkeitssinn getrieben sein, wenn der Kapitalismus zu starke Blüten treibt, und vor allem war ich, wie sie oft scherzhaft betonte, der „Alibi-Ausländer" des BR (also doch wieder der Tschusch).

Das erste Buch, in dem es um Tierversuche ging, bekamen wir sechs Wochen vor Drehbeginn. Das war zu knapp, um alle Einfälle und Veränderungen umzusetzen. Auch wenn um 1990 die berüchtigte „Quote" noch keine so große Rolle spielte, gab es selbstverständlich eine Erwartungshaltung an uns und wir waren froh, dass wir beim Publikum von Anfang an eine so hohe Akzeptanz erreichten. Zunächst bot man uns eine Option auf weitere sechs Folgen an, verteilt auf drei Jahre. Das war schmeichelhaft. Aber wir wollten uns vertraglich nicht festlegen, uns ein Mitspracherecht offen halten und dann von Fall zu Fall, beziehungsweise von Buch zu Buch entscheiden.

Dabei ist es geblieben – wir haben bis heute keinen festen Vertrag. Der kommt immer kurz vor Drehbeginn, einmal sogar, als alles schon im Kasten war. Das ist wie bei dem alten, bayerischen Brauch, wo der Kuhkauf per Handschlag besiegelt wird. Dazu hatten wir natürlich auch immer die richtigen Partner. Auf diese unorthodoxe Weise haben wir es bis 2011 auf 60 Folgen gebracht.

Für den ersten „Tatort" hatte Udo eine Idee, mit der er zeigen konnte, aus welchen sozialen Verhältnissen der Leitmayr kommt: Er legte sich einen roten Porsche zu, um seiner Freundin, die aus begütertem Hause stammt, zu imponieren, und vermutlich auch ihren Eltern. Der Porsche ist natürlich ein älteres, gebrauchtes Modell, weil sich ein Hauptkommissar mit seinem schmalen Gehalt ja keinen neuen leisten kann. Die Wirkung des Porsches erfüllte allerdings nicht ganz ihren Zweck. Denn im Fernsehen sah das rote Gefährt ziemlich schick aus und bei den Dreharbeiten hatten wir darunter zu leiden, dass dieses ältere Modell Probleme mit der Zylinderkopfdichtung und mit Fehlzündungen hatte, außerdem ein Leck im Auspuff, das die Fahrerkabine bei diesem Winterdreh mit Abgasen verseuchte und wir nur mit heruntergelassenen Seitenscheiben arbeiten konnten.

Als der Wagen in einer Szene wieder einmal nicht anspringen will und Leitmayr ihn schieben muss, droht er ihm: „Wenn du jetzt nicht anspringst, kauf' ich mir einen Japaner."

In einer Folge verhöre ich einen Verdächtigen, der natürlich seine Unschuld beteuert: „Haben Sie Zeugen?", frage ich. „Ich war in der Kneipe und da waren 40 Leute."

„Ah ja", sagte ich bei der Probe spontan, „Alibi und die 40 Zeugen." Das fand unser Regisseur Peter Fratzscher auch witzig, und so haben wir es dann auch gedreht.

In einer anderen Geschichte foppt mich der Carlo: „Du Ivo, sag'amoi, da wo du wohnst, in dera Gegend, das sind aber wahnsinnig viel Ausländer!" Ich: „Ja, und? Hast du ein Problem damit?" „Na, I ned", sagt der Carlo. „Ich wohn' ja ned do."

Diese Art von Humor ist im Laufe der Zeit ein Wiedererkennungs- und Markenzeichen für unsere Tatorte geworden.

Bezeichnend für unseren, durch den Tatort gestiegenen Bekanntheitsgrad, ist auch eine andere kleine Begebenheit. Für einen Privatsender hatte ich einen Bösewicht gespielt. Am Tag nach der Ausstrahlung betrat ich eine Metzgerei, die Inhaberin erkannte mich, sah mich etwas irritiert an und sagte: „Ah, der Herr Batic, hab' Sie gestern im Fernsehen gesehen. Aber so sind Sie ja gar nich!"
„Sie meinen so bös'?", fragte ich.
Sie: „Aber so sind Sie ja gar nich!"
Ich: „Schaun Sie, ich bin Schauspieler und es macht mir Spaß auch mal eine ganz andere Rolle zu spielen"
Sie: „Das versteh' ich schon, Herr Batic. Aber so sind Sie ja gar nich."

Im Supermarkt schlich eine ältere Dame um mich herum und entschloss sich, mich dann doch anzusprechen:
„Sind Sie's oder sind Sie's nicht?"
Da musste ich spontan an einen Sketch von Gerhard Polt denken, der genau auf diese Frage antwortet: „Ja, ich bin's."
Das war auch meine Antwort, und sie strahlte mich an: „Gell, sie sind der Bergdoktor!"
„Nein, noch nicht" entgegnete ich.
Und sie: „ Sie könnten's aber auch sein – die blauen Augen!"

Auf einer Urlaubsfahrt nach Kroatien machte ich Pause in einer slowenischen Raststätte. Dort erkannte mich der Wirt – der „Tatort" ist auch in Slowenien ausgestrahlt worden – er zeichnete mit seinen Fingern einen Fernsehschirm in die Luft, grinste mich an und sagte in seinem slawisch-deutschen Mischmasch: „Nächste Mal, wir sehen uns in Kasten-Vier-Eck."

Bei unserem vierten Tatort saßen wir in einer Pause in unserem Dienstwagen im Englischen Garten. Ein Radfahrer kam vorbei und fragt:
„Servus, draht's ihr do?"
„Jaja" haben wir zugestimmt.
„Was draht's ihr denn? An Krimi?"
Wir: „ Krimi. Ja."
Er:„Was denn für an Krimi?"
„Tatort", haben wir schon etwas stolz gesagt.
Da deutet der Radler auf den Rücksitz unseres Dienstwagens und fragt:
„Tatort. Aha. Und wo is' er denn, da Derrick?"
Das wurde unsere Lieblingsgeschichte.

Unsere Redakteurin versuchte von Anfang an, die beiden Hauptfiguren möglichst gleichberechtigt anzulegen. Das erwies und erweist sich als gar nicht so einfach. Die Zweierkonstellation schafft automatisch eine gewisse Konkurrenzsituation zwischen dem Leitmayr und dem Batic, zwischen Udo und Miro. Da kriegen wir uns schon manchmal in die Haare, in der Serie wie im richtigen Leben. Es ist das Scharmützel um die bessere Szene, um den besseren Dialog. Jeder versucht, der Edlere, der Klügere, der Witzigere zu sein. Doch über die Jahre haben wir gelernt, Verständnis füreinander aufzubringen und Zugeständnisse an den anderen zu machen.

Außerdem hatten wir jahrelang einen Katalysator, unseren dritten Mann, den Carlo Menzinger, gespielt von Michael Fitz. Er war der Puffer, der sowohl Batic und Leitmayr, als auch Miro und Udo auf den Arm nahm und kritisierte. Es war eine gelungene Dreieckskonstellation. Michael Fitz spielte schon im allerersten gemeinsamen Tatort „Animals" mit, allerdings noch keinen Polizisten, sondern einen glühenden Tierversuchsgegner. Erst im dritten Tatort schrieb uns der Drehbuchautor den Polizeikollegen Menziger dazu. Udo und ich haben aus dem Menzinger dann den „Carlo" gemacht. Der trug Trachtenjanker und Cowboy-Stiefel, hatte einen Zopf, einen Oberlippenbart und musste je nach Story mal ein bisschen rechtslastig sein oder privat ins Rotlicht-Milieu absumpfen. Im Verlauf von 46 Folgen hat er nicht nur eine unglaubliche optische Veränderung durchgemacht, sondern auch seine Figur großartig weiterentwickelt.

Wir haben uns dann auch Gedanken zu seinem Ausstieg gemacht, obwohl wir gar nicht wollten, dass er uns verlässt. Deswegen ist er in seiner Abschiedsfolge nicht gestorben, sondern hat eine tolle Erbschaft gemacht. So kann er, wenn er will, jederzeit zurückkommen und uns als Carlo nerven. Oder wir ihn. Ob wir ohne ihn weniger weibliche Zuschauer haben – man weiß es nicht.

1997 bekamen wir den „Goldenen Löwen" in der Kategorie „Beste Serienschauspieler", 2001 gab es für die von Vivian Naefe inszenierte Folge „Kleine Diebe", in der es um rumänische Klaukinder geht, den Bayerischen Fernsehpreis. Für die Folgen „Im freien Fall" (2002) und „Nie wieder frei sein" (2011) gab es den Grimme-Preis.

Preise setzen Anreize. Sie haben unsere Arbeitsweise aber nicht verändert, sie haben uns natürlich bestätigt und uns angespornt, es noch besser zu machen. Die Trophäen stehen in meinem Arbeitszimmer aufgereiht in einem Regal. Abgestaubt werden sie nicht. In einem Regal darunter stapeln

sich bedruckte Papierseiten von bereits beendeten oder ab-
gelehnten Drehbüchern. Deren leere Rückseiten dienen als
Notiz- oder Schmierpapier. Meine Tochter hat früher darauf
gemalt. Wir recyceln. Außerdem sind sie ein Auftragsbaro-
meter. Solange der Stapel nicht kontinuierlich niedriger wird,
sondern immer wieder wächst, brauch' ich mir keine Sorgen
zu machen.

22

Liederabende und Lesungen

Das gesungene und gesprochene Wort, das ich in meinen Soloabenden zu unterschiedlichen Anlässen und für ein unterschiedliches Publikum entwickelt habe, hat neben meiner Theater- und Fernseharbeit einen immer größeren Stellenwert eingenommen und das Spektrum meiner künstlerischen Ausdrucksmöglichkeiten erweitert.

Mein erster Soloabend fand in einem Literaturcafé während meiner Anfängerzeit in Köln statt. Ich hatte das Glück, bei einem Brecht-Abend des Musikers und Regisseurs Peter Fischer mitzuwirken. Der Abend hieß „Herr Brecht und die Natur". Es waren politische Gedichte und Songs, denen Brecht ein Natur-Mäntelchen übergeworfen hatte:

> Es war einmal ein Pferd,
> das war nicht sehr viel wert.
> Für das Rennen war es zu dumm,
> Vor den Wagen gespannt, fiel es um.
> Da wurde es Politiker,
> es ist jetzt hoch geehrt.

Peter Fischer wusste, dass ich eine Musikausbildung hatte und singen konnte, deswegen hatte er mich schon in seiner Inszenierung „Happy-End" und nun auch in dem Brecht-Abend mit gesprochenen und von ihm vertonten Gedichten besetzt. Zu Gedichten hatte ich allerdings noch wenig Zugang. Schon im ersten Jahr der Schauspielakademie in Zürich habe ich mich bei meiner Sprechlehrerin unbeliebt gemacht, in dem ich die Frage stellte: „Wozu Gedichte?" Sie hat es persönlich genommen, weil sie glaubte, es sei polemisch, dabei wollte ich tatsächlich nur wissen, was es mit Gedichten auf sich hat. Zuhause, in Zagreb, gab es keine Bücher – na ja, doch – meine Mutter hatte Kochbücher und Vater hatte ein Buch über einen Vulkanausbruch. Ansonsten nur die Monatshefte von „Der Wanderfreund". Also viel Literatur gab es nicht, geschweige denn die Möglichkeit einen Zugang zu Gedichten zu finden. Obwohl ja die Sprüche und Witze aus meiner Kindheit etwas damit zu tun hatten, wie auch die Aphorismen, die bei uns gebräuchlich waren und die in einem einzigen Satz die Essenz eines Zustandes, einer Begebenheit, auf den Punkt bringen, also „ver-dichten".

Aber erst jetzt, durch Peter Fischer und seinen Dramaturgen, begriff ich, dass ein Gedicht einen bestimmten Aufbau, eine Gesetzmäßigkeit, eine ganz bestimmte Form hat. Also nichts alltägliches, umgangssprachliches ist, sondern „dicht" sein muss, „ge-dichtet" eben.

Und aus Freude darüber, diese „Unkenntnis" überwunden zu haben, fing ich an Lyrik zu lesen. Gleichzeitig las ich Karl Kraus, Horváth, Arthur Schnitzler, in dessen Romanen ich das erste Mal eine neue Form des Erzählens entdeckte, und zwar den „Inneren Monolog". Ich war so begeistert, sowohl von der Lyrik, als auch von den Romanen, dass ich Lust bekam, es anderen weiterzugeben, also vorzulesen. Deshalb entwickelte ich meinen ersten Soloabend und nannte ihn „Innereien aus Austria". „Innereien" deswegen, weil man sein Innerstes, seine Eingeweide, nach außen kehrt.

In einem Roman ist ein Monolog die Stelle, an der jemand mit sich selbst spricht, also wir seine Gedanken lesen können.

So etwas gibt es auch in Theaterstücken. Monologe, die man in der Literatur nur denkt, werden auf der Bühne gesprochen, damit der Zuschauer die Gedanken hören kann. Das ist eine besondere Form und eine Abmachung zwischen dem Darsteller und dem Publikum. Hier wieder die Klammer zu meiner Kindheit: Für Menschen, die mit dem Theater nicht viel am Hut haben, ist es einfach fremd und irritierend, dass eine Person laut vor sich hinspricht. So empfand ich es anfänglich auch. Auch das musste ich erst begreifen und lernen. In Kroatien sagt man über jemanden, der laut vor sich hinspricht: Entweder er ist verrückt oder er baut ein Haus (weil die Bürokratie ihn in den Wahnsinn treibt).

Zu den österreichischen Klassikern der Jahrhundertwende kamen nun auch Lautgedichte der konkreten Poesie eines Ernst Jandl und Dialektgedichte von H.C. Artmann hinzu. Jandls Gedichte kannte ich schon von meinem Studium in Salzburg. Mein Kompositionsprofessor, Dr. Keller, war ein Jandl-Fan. Er schrieb die aberwitzigsten Lautgedichte an die Tafel, die wir mit verteilten Stimmen, in verschiedenen Tonlagen unter seinem Dirigat rhythmisch zu sprechen versuchten.

Damals in Salzburg wäre ich nie auf die Idee gekommen, Jandls oder Artmanns Texte öffentlich zu lesen oder sie gar zu vertonen. Doch durch die Arbeit mit Peter kam ich auf die Musikalität und den Rhythmus der Gedichte. Den Poeten H.C. Artmann habe ich aus meiner Züricher Studienzeit mitgebracht. Dort hatte mir jene Freundin, wegen der ich in Graz gekündigt hatte, seinen Gedichtband „Mit ana schwoazzn dinntn" („Mit einer schwarzen Tinte") geschenkt. Poetische Abgründe, morbider Humor, gedichtet im Wienerischen Slang, die mich tief berührt und inspiriert haben. So fing ich an, meine Lieblingsgedichte der beiden Wiener zu vertonen.

Der Titel dieses Soloabends bezog sich auf ein Wortspiel aus meiner Gymnasialzeit in Traunstein. Wie bereits erwähnt, war ich in Chemie keine Leuchte. Unsere Chemielehrerin, die eine Ponyfrisur trug, und die wir daher „Schwammerl" (Pilz) nannten, hatte eine äußerst zackige Aussprache.
Wenn Schwammerl morgens in die Klasse kam, sagte sie nicht: „Nehmen Sie Platz!", sondern: „ Morgn, meine Herrn, nemetz Platz, nemetz Ihre Hefte raus." Und jedes Mal bin ich zusammengezuckt: „ Jetzt bin ich dran, jetzt ruft sie mich auf, jetzt gibt's 'ne schlechte Note." Daraus machte ich, in Erinnerung an diese Angstzustände, also eigentlich das einzige, das mir vom Chemieunterricht geblieben war, den Titel für mein Solo-Programm:
„Nemec-Platz-bitte", mit dem ich bis heute auftrete.

Zu meiner großen Freude kam 1982 Peter Fischer ans Residenztheater. Er hatte für dieses Theater schon etliche Musiken komponiert und als wir uns wiedertrafen, hatte er vor, einen Abend mit Balladen deutscher Dichter zu inszenieren. Erich Hallhuber und ich – er kannte uns ja beide aus Köln – waren mit von der Partie. Dazu ein Auftritts-Erlebnis: Ich trug eine ideologisch linkslastige Ballade von Erich Weinert über Bayreuth und seinen Festspielbetrieb vor.

Die fing so an:

> Und wieder zieht nach Oberfranken
> Das Heer der Nibelungen-Kranken
> in sanfter Götterdämmerung.
> In Loden-Erdgeruch und Gala

marschieren sie dann auf Walhalla
zwecks Hirn- und Seelenkräftigung.

Das wurde von mir wütend und laut vorgetragen. Ich kam mit
festem Schuhwerk und festem Tritt in Loden und mit einem
Trachtenhut auf die Bühne. Es war eine Nachmittagsvorstel-
lung im „Resi", als die älteren Herrschaften das Mittagessen,
Kuchen und Kaffee schon hinter sich hatten. In der dritten
Reihe, also ziemlich weit vorne, hielt sich eine ältere Dame
beide Hände als Hörmuschel an die Ohren und beugte sich
nach vorne, um mich besser hören zu können. Neben ihr saß
ein Herr, auch nach vorne gebeugt, aber der schlief – glaube
ich jedenfalls. Hier wurde also der Weltveränderungsgedanke
gar nicht, oder doch nur sehr vage vernommen ...

2005 besuchte ich meinen früheren „Resi-Intendanten" Frank
Baumbauer in seiner neuen Wirkungsstätte an den Münchener Kammerspielen. Aus diesem Zufallsbesuch entstand
einer meiner unbeschwertesten und beglückendsten Lieder-
und Theaterabende, die ich in diesem Beruf erleben durfte:
Der Titel hieß „Männer" mit dem Untertitel „Fußball-Liederabend" und die Premiere sollte im Mai 2006 stattfinden, zu
Beginn der Fußballweltmeisterschaft. Entwickelt hatte den
Abend Franz Wittenbrink, mit dem ich mich zwei Wochen
nach dem Angebot von Baumbauer an einem Konzertflügel
in einem Proberaum im Keller der Münchener Kammerspiele verabredet hatte. Er wollte eigentlich nur noch testen, ob
ich einen Opernsänger parodieren kann. Und so dauerte das
„Vorsingen" knappe zehn Minuten und wir gingen in die
Kantine, um mit einem Getränk auf gute Zusammenarbeit
für das kommende Jahr anzustoßen.

Man kann diesen Abend nur schwer beschreiben. Das ganze hieß Fußball-Liederabend, was er aber eigentlich nicht wirklich war. Es war ein gesungenes Stadion-Drama, das die Männer ordentlich auf die Schippe nimmt. Was mich bei dieser Aufführung wie selten zuvor überzeugt hat, war der Ensemble-Geist. Ein Ideal, das man sich am Theater oft herbeigeredet, das sich aber nur selten erfüllt hat. Acht Solisten, eine Solistin plus zwei Profi-Musiker wachsen trotz aller Schauspieler- und Musiker-Alphatier-Verhaltensweisen oder vielleicht gerade deswegen, zu einem Kollektiv zusammen. Und dieses Glücksgefühl durfte ich in fünf Spielzeiten 73 Mal vor ausverkauftem Haus erleben.

Als ich nach zehn Jahren als Tatort-Kommissar schon einen Namen hatte, bot man mir entsprechende Kriminalliteratur an, um sie live zu lesen. Mittlerweile hatte das Hörbuch seinen Siegeszug angetreten und so blieb es nicht aus, dass ich Angebote in diese Richtung bekam. Da ich so etwas bis dahin noch nie gemacht hatte, war es eine neue Herausforderung. Eine, wie sich herausstellte, sehr zeitaufwendige, verantwortungsvolle Arbeit im Studio. Aber natürlich nicht zu vergleichen mit dem sinnlichen Erlebnis des Lesens vor Publikum. Neu und lehrreich waren auch zwei Lese-Reisen, die eine mit einem amerikanischen, die andere mit einem indischen Autor. Man lernt sozusagen die schreibende Quelle kennen, man hat die Möglichkeit mit Schriftstellern über ihre Arbeit zu sprechen und sie etwas privater kennenzulernen.

Man reist mit dem Zug von Stadt zu Stadt, von Hotel zu Hotel und versucht als Vorlesender ihr Vertrauen zu gewinnen, zumal sie sich, aus dem englischen Sprachbereich kommend, darauf verlassen müssen, dass ein Kroate auf deutsch den richtigen Ton für ihren Roman trifft, und sie den Erfolg des Vortrags nur an den Reaktionen der Zuhörer ablesen können.

Einen Autor möchte ich noch erwähnen: Einen eher menschenscheuen Landsmann, der in Sarajewo in Bosnien geboren wurde, in Zagreb lebt und sich dem gesamten Literaturbetrieb gegenüber eher misstrauisch verhält. Ich habe ihn daher nur bei einer einzigen Live-Lesung kennengelernt, die restlichen Abende war ich allein auf Tour: Miljenko Jergović. Sein Buch, das man mir für eine Lesetour durch Deutschland anbot, war von herausragender literarischer Qualität und erinnerte mich sofort an den Humor meines bosnischen Nachbarn in Zagreb, der stets einen unerschöpflichen Fundus an Witzen hatte. Witze, die in beneidenswert selbstironischer Weise ihre Landes- und Lebenssituation auf den Arm nehmen.

Zwei Beispiele:

Ein Bosnier erhält eine Einladung in die Oper. Sozusagen etwas für ihn völlig Ungewöhnliches. Man muss dazu sagen, dass die Bosnier in Ex-„Jugo" so etwas waren, wie die Ostfriesen für Deutschland, über die es eine bestimmte Kategorie von Witzen gab. Also der Bosnier kommt aus der Oper nach Hause, die ganze Familie wartet schon auf ihn, bestürmt ihn mit Fragen, wie es denn in der Oper gewesen wäre und was da überhaupt so passiert. Darauf erzählt er: „Ja, also, man sitzt da, und die singen. Dann ist Pause, man geht raus, da kann man etwas trinken. Dann muss man wieder rein, und die singen wieder. Aber das Beste kommt zum Schluss: Wenn sie die Mäntel verteilen. Da habe ich gleich zwei genommen!"

Ein zweiter, sehr tiefsinniger Witz wurde bezeichnenderweise nach dem Krieg erzählt. Die Tiere im Wald erfahren, dass der

Bär eine Todesliste hat. Als erstes besucht ihn der Wolf. Und er fragt: „Bär, wir haben gehört, du hast eine Todesliste, bin ich da auch drauf?" „Ja", sagt der Bär. Und am nächsten Tag ist der Wolf tot. Der Fuchs fasst sich ein Herz und geht auch zum Bären. Er fragt das Gleiche. Der Bär antwortet wieder mit „Ja." Am nächsten Tag ist der Fuchs tot. Der Hase ist schon völlig verzweifelt. Er will Gewissheit und geht auch zum Bär und fragt ihn: „Ich hab' gehört, du hast eine Todesliste." „Ja", sagt der Bär. „Bin ich da auch drauf?", fragt der Hase. „Ja", sagt der Bär. Und der Hase sagt: „Kannst du mich da nicht einfach streichen?" „Na klar" sagt der Bär.

Und eben diese Art von Humor zeichnet den Roman von Miljenko Jergović aus.
Seine Geschichten haben mich beim Vorlesen besonders gepackt.
Er beschreibt ein Treffen nach dem Balkan-Krieg in Amerika zwischen einem vor dem Krieg ausgewanderten Bosnier und einem Serben, der sich am Ende des Kriegs nach Amerika absetzt, weil er Dreck am Stecken hat. Sie begegnen sich in einer Schneenacht, weil der Bosnier eine Autopanne hat, und so kommen sie ins Gespräch. Die Dialoge dieser beiden Männer, wie sie miteinander umgehen, verwurzelt in der Hierarchie und den Verhaltensmustern unserer Teilrepubliken, beschreiben die ganze Problematik des Konflikts, bis hin zum Krieg als endgültigem Scheitern des Vielvölkerstaates. Ein Mikrokosmos, der die ganze „Jugo"-Situation reflektiert. Klug, mit beißender Situationskomik und unnachgiebiger Genauigkeit.

23

Der Krieg

Im März 1991 sah man im Fernsehen – zum Teil von Amateuren aufgenommen – Straßensperren in der Krajina, in der Region um die Plitvicer Seen, dem Landstrich, der Kroatien wie ein Hufeisen vom angrenzenden Bosnien und der Herzegowina trennt. Leute mit alten Gewehren, später mit Kalaschnikows. Es wurde auf Zivilisten geschossen. Ein kroatischer Polizist wurde getötet. Plötzlich ging da etwas los, das zwar viele ahnten, aber bis zuletzt nicht wahrhaben wollten: Krieg! Betrieben von Serbien, das zehn Jahre nach Titos Tod (1980) die Macht über alle Teilstaaten, auch über Slowenien und Kroatien, die sich ursprünglich abwechselnd in einem Dreierdirektorium den Vorsitz der Föderation teilen sollten, an sich reißen wollte. Gebrodelt hatte es schon lange.

Im Juni 1991 erklärten Slowenien und Kroatien, nach gescheiterten Verhandlungen mit Belgrad, ihre Unabhängigkeit. Daraufhin griff die JNA (jugoslawische Volksarmee) ein, um diese Unabhängigkeitsbestrebungen militätisch niederzuwerfen. Nach diesem sogenannten Zehn-Tage-Krieg holte ich meine Eltern zu mir nach München, solange die Grenzen noch offen waren. Sie haben den ganzen Tag im Radio und im Fernsehen die Nachrichten verfolgt, waren durch nichts abzulenken und verließen nur selten die Wohnung. Wir waren alle wie paralysiert, verzweifelt, ohnmächtig.

Die Weihnachtstage 1991 verbrachten sie noch bei mir in München. Dann haben sie es nicht mehr ausgehalten, es zog sie nach Hause. Es war schwieriger geworden, mit den Verwandten und Freunden telefonischen Kontakt zu halten. Das hat sie beunruhigt. Und außerdem fühlten sie sich solidarisch mit ihnen und wollten sie nicht im Stich lassen.

Zu Hause angekommen, berichteten sie mir von unserer Hausgemeinschaft in Zagreb. Über uns wohnte eine bosnische Familie, eben jener Familienvater mit dem unerschöpflichen Witzefundus, von dem ich bereits erzählte. Unter uns wohnte eine serbische Familie – wir waren alle gut befreundet, über 30, 40 Jahre lang. Die serbische Familie zog aus Angst vor Repressalien zurück nach Serbien. Der Arbeitsvertrag der Tochter war nicht verlängert worden.

Die bosnische Familie bekam „Besuch" von ihren Verwandten, die von den Serben aus ihren bereits völlig zerstörten Dörfern vertrieben worden waren. Sie hausten unter erbärmlichen Umständen mit sechs Kindern, vier Erwachsenen plus einem Hund in einer winzigen Zwei-Raum-Wohnung mit Küche über uns im zweiten Stock.

Damals betrieben in Zagreb schon die „Snajperi", serbische, projugoslawische Heckenschützen, ihr schmutziges Handwerk. Sie schossen aus Fenstern oder von den Dächern auf Zivilisten, auch auf Frauen und Kinder, wenn die nach Sirenenalarm in die Luftschutzbunker mussten, weil wieder einmal serbische Kampfflieger über die Stadt gedonnert waren, um die Leute in Angst und Schrecken zu versetzen. Im Oktober hatte bei einem solchen Angriff eine Luft-Boden-Rakete das Zagreber Regierungsgebäude getroffen. Aus Angst vor weiteren Angriffen mussten die Menschen in die Luftschutzbunker oder in ihre Keller flüchten. Reiner Terror. Mein Vater machte da nicht mit. Er sagte: „Die können mich am Arsch lecken" – und ging einkaufen, wann es ihm passte. Oder blieb einfach in der Wohnung im Zentrum von Zagreb. Zum Glück ist ihm nichts passiert.

Dann wurden Vororte von Zagreb mit Streubomben beschossen. Besonders schlimm war es Silvester 1991/92. Die EU hatte Mitte Dezember die Anerkennung Kroatiens als selbstständigen Staat in Aussicht gestellt. Die Menschen wollten das neue Jahr mit Feuerwerk begrüßen – ein verzweifeltes Hoffen auf eine bessere Zukunft. Diese Situation nutzten die „Snajperi" aus, um auf alles zu schießen, was sich bewegte. Niemand wusste mehr: Wars ein Böller oder ein Gewehrschuss. Die Söhne meines Cousins Branko, sie waren sieben und neun Jahre alt, trauten sich nicht mehr auf die Straße, doch sie mussten zur Schule.

Die Kinder meiner Cousine, die mit ihrer Mutter an der Küste in Zadar lebten, dieser wunderschönen, alten Stadt am Meer, hätte es beim Fußballspielen am Sportplatz fast erwischt.
Zwei Jahre wurde diese kulturhistorisch wertvolle Siedlung und ihre Einwohner vom serbisch besetzten Flughafen aus mit Splitterbomben beschossen.
Alle mussten in dieser Zeit um ihr Leben bangen. Meine Freunde und Familienväter in Zagreb zogen in den Krieg. Glücklicherweise kamen alle wieder lebend nach Hause. Diese unvorstellbaren Zustände machten mich zutiefst betroffen, ja, die Vorstellung, dass es tatsächlich dazu kommen konnte, dass wir uns gegenseitig abschlachten, wollte einfach nicht in meinen Kopf.

24

„Hand in Hand"

Nach der Abreise meiner Eltern hatte ich ein schlechtes Gewissen, im sicheren Deutschland zu sitzen, meiner Arbeit nachzugehen und für meine Landsleute, denen es dreckig ging, nichts tun zu können. Ab dem Frühjahr 1992 besuchte ich daher regelmäßig meine Eltern in Zagreb und meine Tanten in Opatija, um mir vor Ort ein eigenes Bild von den Lebensumständen meiner Familie und der durch den Krieg geschädigten Bevölkerung zu machen. Nach meiner Rückkehr beschlossen mein Freund Erich und ich, uns vor allem für die betroffenen Kinder einzusetzen. Wir fanden, sie waren schuldlos die Hauptleidenden dieses Krieges. Unsere Idee war, bei Freunden, Bekannten, oder im Theaterkreis, durch Fernsehauftritte und Pressearbeit Geld, Kleider und Nahrungsmittel zu sammeln, um damit eine Hilfslieferung in die betroffenen Regionen zu organisieren. Und das alles möglichst sofort.

Zeitgleich rief mich mein Landsmann und Schauspielerkollege Drago Ragutin an, der in München mit Steffi Kammermeier, einer Regisseurin, verheiratet war. Die beiden hatten die gleichen Gedanken wie wir, aber schon konkretere Pläne. „Wir wollen einen gemeinnützigen Verein gründen, und wenn wir genügend Geld gesammelt haben, in Kroatien an einem vom Krieg nicht betroffenen Ort ein Kinderdorf für Vollwaisen, Halbwaisen und Sozialwaisen errichten." Der Verein sollte „Hand in Hand" heißen. Wir taten uns spontan zusammen und wurden mit großer Begeisterung und Entschlossenheit unterstützt von so prominenten Kolleginnen und Kollegen wie Johanna Bittenbinder (die auch alle Steuer- und Kassengeschichten gemeistert hat, was man ihr nicht hoch genug anrechnen kann), Christine Neubauer, Veronica Ferres, Nadja Brunkhorst und August Zirner.

Es haben sich aber vor allem auch sehr viele Menschen aus anderen Berufen in unserem Verein engagiert, die in der Presse nicht die ihnen ebenso gebührende Achtung gefunden haben wie die Prominenten. Doch wenn man die Aufmerksamkeit der Presse auf ein wohltätiges Projekt lenken möchte, dann muss man die Prominenz in den Vordergrund stellen. Das liegt leider in der Natur der Sache. Unsere Hauptverantwortliche für die Organisation und Pressearbeit war Gaby Schrodek, ihr sei für ihren selbstaufopfernden Rund-um-die-Uhr-Einsatz besonders gedankt. Sie war es auch, die den Rockband-Gedanken für unsere späteren Benefiz-Veranstaltungen hatte.

Das erste Spendengeld nahmen wir bei einem Faschingsfest ein. Es gab eine Tombola in einem Studio der Bavaria-Film, das uns Thilo Kleine kostenlos zur Verfügung gestellt hatte, und bei der wir unser Projekt zum ersten Mal vorstellen konnten. Die Presse hat uns dabei großzügig unterstützt, allen voran Marie von Waldburg, die damals bei der Abendzeitung war. Danach hatten wir im legendären Münchener Nachtcafé einen musikalisch-literarischen Abend. Der Besitzer, Herr Görnemann, stellte uns seine Räumlichkeiten gerne zur Verfügung – seine Frau ist Kroatin. Wir luden prominente Kollegen ein an diesem Abend, um für den wohltätigen Zweck zu singen oder etwas vorzutragen.

Der sehr gut besuchte bunte Abend war ein finanzieller Erfolg, jedoch der große Wurf war das noch nicht.

Hier kam uns der Radiosender „Antenne Bayern" zu Hilfe, damals mit Viktor Worms als Chef. Er gab mir die Möglichkeit, einen ganzen Tag lang unser Hilfsprojekt vorzustellen, die Hintergründe für unsere Aktionen und die Ziele des Vereins zu erklären. Ich stand am Mikrofon mit vielen Moderatoren, sagte dazwischen Verkehrsmeldungen, Wettervorhersagen und musikalische Wünsche an. Gleichzeitig baten wir um Spenden. Mit großem Erfolg: In den nächsten Tagen gingen ungefähr eine halbe Million DM Spendengelder bei uns ein.

Handwerker meldeten sich und erklärten, sie stünden bereit, sobald ihre Arbeit für das Dorf benötigt würde. Einer von ihnen hat ein Jahr später vor Ort in einem durch „Hand in Hand" neu erworbenen und renovierten Haus den gesamten Boden mit Kork verlegt, den er nach der „Antenne"-Aktion selbst gespendet hatte. Studenten boten an, die Kinder zu betreuen, Mädchen für alles zu spielen. Es war gigantisch, mehr als wir uns erhofft hatten.

Dann rief mich Uli Saalfrank aus Hof in Oberfranken an. Er hatte von unserem Verein gelesen und von Gaby Schrodek erfahren, dass ich früher eine Rockband hatte. Er schlug vor, im Rahmen ihres jährlichen Hofer Konzerts gegen Rechtsradikalismus und Ausländerfeindlichkeit speziell auf unser Anliegen einzugehen und für unsere Sache zu werben. Diese Konzerte mit mehreren Rockbands aus der Region in der Freiheitshalle in Hof hatten einen großen Zulauf zu dieser Zeit. Zusätzlich zum Eintrittspreis gab es Ziegelsteine aus Papier, die man kaufen konnte. Sie wurden an der Wand hochgeklebt, sodass man sehen konnte, wie viele bereits verkauft worden sind. Da wuchs an der Wand optisch sichtbar das erste Spendenhaus. Es wurde ein großes Haus!

Bald sollte es ans Bauen gehen. Wir hatten schon ein Grundstück bei Zagreb gekauft, über Dragos Bruder. Ein schwedischer Architekt, der in den 60er Jahren Sozialbauten entworfen hatte, war bereit, unentgeltlich den Bau unsers Kinderdorfes zu begleiten. Aber ein Jahr nach Gründung des Vereins reichte das gesammelte Geld leider immer noch nicht, um unser Projekt, so wie wir es uns vorgestellt hatten, umzusetzen.

Da kam uns der Zufall zur Hilfe: Eine „Hand in Hand"-Kollegin hatte ein Hilfsprojekt für Kinder in Istrien entdeckt. Es hieß „Nadomak Sunca", also „Der Sonne zum Greifen nah". So nannte sich dieser Verein, der begonnen hatte, ein Zuhause für Kriegswaisenkinder im malerischen Ort Oprtalj auf der Halbinsel Istrien aufzubauen. Er war anders strukturiert als Heime vom „Roten Kreuz" oder der „Caritas". Elternpaare mit eigenen Kindern nahmen bis zu sechs, sieben Kriegswaisenkinder in ihrer Familie auf. So sollten die Kriegswaisen in einer schon vorhandenen Familienstruktur integriert werden. Diese Idee fanden wir großartig.

1995 kaufte „Hand in Hand" unrenovierte Häuser in diesem Dorf, die dann zweckdienlich umgebaut wurden, um eine elfköpfige Familie darin unterbringen zu können.

Dort erfuhren die Waisen zum ersten Mal nach dem Krieg wieder Geborgenheit und sie waren rund um die Uhr betreut. Außerdem bauten wir für alle Familien einen großen Gemeinschaftsraum für Gespräche und Feiern, und wir sorgten auch für die nötige Infrastruktur: Der Kindergarten und die Schule wurden renoviert und wir beteiligten uns am Ausbau der dörflichen Kanalisation. Das führte dazu, dass sich immer mehr Menschen in diesem verfallenen Dorf niederließen und auch ein Bistro und ein Restaurant eröffnet wurden. Das wiederum hatte Jahre später synergetische touristische Auswirkungen auf die gesamte Region.

Dass wir helfen konnten, hat uns beflügelt. Ehrenamtliche Helfer, ein kleines Büro mit entsprechender Technik ausgerüstet – auch das waren Spenden – ließen es zu, dass die Gelder eins zu eins für den guten Zweck verwendet werden konnten. Die Verwaltung des Projekts kostete nichts.

Obwohl die Spendenbereitschaft und dadurch das Spendenaufkommen nach Beendigung des Krieges verständlicherweise nachließen – andere Krisenherde taten sich auf – konnten wir durch unsere Hilfsaktionen die Familien weiter unterstützen. Es waren mittlerweile fünf Familien mit insgesamt 45 Kindern.

25

Die Miro Nemec Band

1997
2. Reihe von links nach rechts.: Wolfgang Fickenscher, Markus Hager,
Uwe Narr, Stefan Grießhammer, Sascha Pinkas
1. Reihe von links nach rechts.: Ulli Saalfrank, Miroslav Nemec,
Stephan Erl, Guiseppe Murianni

Das vorhin erwähnte erste Konzert in Hof war gleichzeitig auch der Auslöser, meinen alten Traum vom Rockmusiker wieder aufleben zu lassen. Zwei Bands hatten sich nach der Premiere zu einer neuen Musikgruppe zusammengetan, „Wee Bush" und „Second Hand Group" und wir nannten sie die „Miro Nemec Band". Wir verstanden uns musikalisch und menschlich auf Anhieb, hatten viel Spaß bei den Proben und erfreulicherweise dann auch bei den Auftritten. Diese Energie ist das eigentliche Erfolgsrezept dieser Gemeinschaft. Die Formation ist bis heute neunköpfig, da sie eben aus zwei Bands zusammengefügt wurde und wir niemanden entbehren wollten. Auch die Abendgage wird, inklusive mir, durch die Anzahl der Beteiligten geteilt. Seit mittlerweile 15 Jahren.

In München konnte ich meine Kollegen Udo Wachtveitl und Michael Fitz dafür begeistern, gemeinsam mit der „Miro Nemec Band" ein Tatort-Benefizkonzert für die Kriegswaisen zu veranstalten. Udo hatte früher auch in einer Rockformation gespielt, und begann jetzt Liedtexte zu schreiben und sich mit Musikern zusammenzutun, um ein neues, eigenes Programm auf die Beine zu stellen. Michael Fitz hatte schon damals CD's mit eigenen Texten und Songs herausgebracht. Und so entschlossen wir uns, im Dezember 1997 im Münchener „Schlachthof" unser erstes gemeinsames Konzert zu geben.

Es wurde ein Riesenerfolg und wir mussten für das darauf folgende Jahr einen größeren Saal anmieten, da der Andrang so groß war. Bald hießen wir die „Drei Tatort-Kommissöre" und so gab es in den kommenden Jahren acht weitere gemeinsame Auftritte.

1998, nachdem „Hand in Hand" drei Jahre bestand, wünschten sich die Beteiligten der „Miro Nemec Band", nach Istrien zu reisen, um die Waisenkinder in Oprtalj und ihre Eltern, für die sie so selbstlos gespielt hatten, kennenzulernen. Es wurde ein Treffen mit dem halben Dorf. Die Herzlichkeit, die uns entgegengebracht wurde, überwältigte auch meine Musiker.

Wir haben zusammen gekocht, Fußball gespielt und in dem damals schon vorhandenen Gesellschaftsraum Musik gemacht. Es wurde gesungen und gelacht. Die Kinder haben uns ihre Lieder vorgesungen und die Hofer hatten auch fränkisches Liedgut im Gepäck. Das waren sehr bewegende Momente.

Ein Schicksal von fünf Geschwistern, die ich gleich zu Beginn des Projektes kennen lernte, hat uns alle besonders mitgenommen: Ihr Vater war gefallen, die Mutter verschleppt.

Der älteste, damals neun Jahre alt, versuchte im zerstörten Elternhaus ein paar Wochen lang, ganz auf sich gestellt, seine jüngeren Geschwister durchzubringen, bis sie gefunden und auf mehrere Heime verteilt wurden. Die Kleinen konnten schließlich in unserem Kinderdorf wieder zusammengeführt werden und ihre Freude darüber war deutlich zu sehen.

Zu Beginn dieses Projekts war ich geschockt darüber, wie die Kinder unter ihren traumatischen Erlebnissen zu leiden hatten. Viele von ihnen waren unglaublich aggressiv, besonders die Jungs. Sie warfen scheinbar im Spiel Mädchen zu Boden und würgten sie. Alle Spielgeräte wurden zu Waffen, aus jedem Stock wurde ein Gewehr. Die Kinder spielten ihre Kriegserlebnisse nach und das, was sie bei den Erwachsenen gesehen hatten. Ich fuhr jedes Jahr einige Male auf Besuch nach Oprtalj, um die neuen Eltern und Kinder kennenzulernen und den Kontakt zu den alten aufrecht zu erhalten.

Mittlerweile sind die meisten Kinder natürlich schon erwachsen, sie konnten eine Ausbildung machen und haben eigene Familien gegründet. „Hand in Hand" ist abgeschlossen. Der Zweck des Dorfes und der renovierten Häuser aber ist für neue Kinderprojekte erhalten geblieben.

Back to the roots

Hof war der Auslöser, wieder ins Rockgeschäft einzusteigen und die Initialzündung, meine erste Freilassinger Band „Asphyxia" zu reaktivieren. Natürlich wieder unter der Flagge des guten Zwecks. Die „Jungs", inzwischen erwachsene Leute, teils mit Familie, Haus und Kindern, waren Feuer und Flamme. Wir haben uns wie früher in den Probenkeller begeben, um alte Songs vorzubereiten, da „Asphyxia" beim ersten Konzert im „Schlachthof" auch dabei sein sollte. Dieses erste Konzert wurde sogar vom Bayerischen Fernsehen für „Ottis Schlachthof" aufgezeichnet.

Winter in Dalmatien, 1974

Das Revival der Freilassinger Ur-Band entwickelte eine Eigendynamik. Es gab Anfragen für eigene Konzerte, auch die Gemeinden meiner zweiten Heimat in Bayern meldeten sich. Und so gab es nach 25 Jahren wieder „Asphyxia"-Auftritte in Freilassing und Laufen. Und natürlich war auch ein Teil des uns schon aus Jugendtagen bekannten Publikums in den ersten Zuhörerreihen zu entdecken. Ein Klassentreffen der musikalischen Art.

Für die „Miro Nemec Band" kamen jetzt Angebote für große Auftritte. Der damalige Bundespräsident Johannes Rau ließ anfragen, ob ich bei einem Integrationswettbewerb als Botschafter mitmachen würde und als sein Staatssekretär Herr Frohn über seinen Adlatus Alexander Wilke erfuhr, dass es die „Miro Nemec Band" gibt, machten sie mir den Vorschlag, passend zum Anlass, mit meiner Rockband den Abschluss der Veranstaltung zu gestalten. Das fanden meine Truppe und ich eine großartige Idee und so kamen wir zum ersten Mal ins Schloss Bellevue nach Berlin.

Botschafter dieses Integrationswettbewerbs waren auch die beiden Klitschkos, die Band Bro'Sis und Peter Maffay. Unser Konzert machte Furore. Ich bekam am nächsten Tag mitgeteilt, dass Herr Rau uns ausrichten lässt, dass es so etwas im Schloß Bellevue noch nie gegeben hätte. Die anwesenden Damen, auch seine Frau, hätten so wild getanzt, dass sie auf dem Rasen ihre Schuhe von sich warfen. Um 22 Uhr rückte die Polizei an, da sich Anwohner über die Lautstärke beklagt hatten. Wir durften aber trotzdem noch eine halbe Stunde weiterspielen, das Publikum verwöhnte uns mit „Zugabe"-Rufen.

Jürgen Flimm, mein ehemaliger Kölner Intendant, schien von der Sache Wind bekommen zu haben, denn er lud die „Miro

Nemec Band" zur „Ruhrtriennale" nach Bochum ein, um bei einem Konzert, dass als „ Century of Song" angekündigt war, mitzumachen. Das Motto war, als singender Schauspieler seine Lieblingslieder vorzustellen. Dazu lud er auch Jan Josef Liefers und Uwe Ochsenknecht ein, die auch beide früher bei ihm am Theater gespielt hatten und wie ich seit Jahren Musik mit ihren eigenen Bands machten. In der Bochumer Jahrhunderthalle, die mit rund 1700 Zuhörern aus allen Nähten platzte, haben wir dann einen fünfstündigen, spektakulären Konzertabend hingelegt. Die Presse jubelte, und wir auch, also beschlossen wir mit Uwe und Jan Josef weitere Konzerte zu geben, was wir dann auch taten.

Epilog

Auf der Straße, im Supermarkt, in Lokalen werde ich immer wieder von Menschen angesprochen, die sich freuen oder überrascht sind, ein bekanntes Gesicht in der Öffentlichkeit, also „in Echt" zu sehen: „Hallo Herr Kommissar", „Sie sind doch der Schauspieler?", „Bitte nicht verhaften", „Sie sehen ja aus wie im Fernsehen", „Kommen Sie bitte kurz mit, meine Frau hat behauptet, dass Sie kleiner sind als ich", usw. Eine der schwierigsten Übungen ist es, während eines Oktoberfest-Besuchs die Herrentoilette zu verlassen, da die Männer, gestärkt durch zwei, drei Maß Bier, gleich per „Du" sind mit einem und man in kumpelhafte Gespräche verwickelt wird. Mit dem „Tatort" bin ich viel bekannter geworden, als ich es mir jemals hätte träumen lassen. Doch prominent zu sein, hat nicht nur Vorteile. Dinge, die man in der Presse äußert, werden aus dem Zusammenhang gerissen oder in falsche Zusammenhänge gesetzt und deswegen kann es passieren, dass der Leser ein völlig falsches Bild bekommt. Man hat aber selten die Gelegenheit, dies zu revidieren oder richtig zu stellen. Die Zuschauer haben manchmal das Gefühl, mich zu kennen, schließlich war ich schon viele Abende als Gast in ihrem Wohnzimmer, aber in Wahrheit „kennen" sie mich natürlich nur in unterschiedlichen Rollen.

Vielleicht habe ich auch deshalb dieses Buch geschrieben, denn es ist eine Möglichkeit, mich von einer anderen Seite zu zeigen. Seit 30 Jahren gebe ich Interviews, die sich auf einen gewissen Themenbereich beschränken, eine bestimmte Länge haben und deren Fragen sich oft wiederholt haben. Hier konnte ich ausführlicher berichten und Geschichten erzählen, zu denen man üblicherweise nur im Freundeskreis Auskunft gibt.

Eine Frage, die mir oft gestellt wird, möchte ich noch beantworten. Sie lautet: „Wie lernen Sie den Text? Lernen Sie den auswendig?" Für viele ist es vielleicht nicht wirklich nachvollziehbar, dass man einen Beruf wählt, in dem man ständig etwas auswendig lernen muss. Ich verstehe das, denn in der Schule hat mir die Motivation zum Lernen oder zum Auswendiglernen, wie schon gesagt, auch gefehlt. Aber da dieser Beruf mich und meine Familie ernährt, also existentiell ist für mich, wird der Vorgang des Auswendiglernens erst gar nicht hinterfragt. Damit würde ich nur Zeit vergeuden, denn es muss sowieso getan werden. Also setz' ich mich einfach hin und lerne, bis es perfekt läuft. Meine Klavierlehrerin Frau Dollinger hatte mir eine Übungsmethode beigebracht, die ich versucht habe, aufs Textlernen zu übertragen. Die Methode heißt Drei-Mal-fehlerfrei-in-Folge, das heißt: stellen Sie sich vor, Sie haben ein Gedicht auswendig gelernt und versuchen es drei Mal fehlerfrei hintereinander zu sprechen. Bei der dritten Wiederholung, gegen Ende des Gedichts, versprechen Sie sich, oder vergessen ein Wort, dann müssten Sie wieder von ganz vorne anfangen, so lange, bis es eben drei Mal fehlerfrei läuft. So vorbereitet könnte Ihnen selbst bei großer Nervosität bei einem öffentlichen Vortrag nicht mehr viel passieren.

Vielleicht noch ein Wort zu meinen „beiden" Töchtern:

Die große, mittlerweile 23-jährige Tochter, ist nicht mein leibliches Kind. Sie war zwei Jahre alt, als ich ihre Mutter kennengelernt habe – so alt war übrigens auch meine leibliche

Tochter Nina, als sie meine jetzige Lebensgefährtin, Katrin Jäger, kennenlernte. Die 23-jährige Tochter ist mir von klein auf mit offenen Armen entgegengekommen und im Alter von drei Jahren hat sie sich unaufgefordert dazu entschlossen, mich Papa zu nennen, was für mich ganz neu war und mich angerührt hat. Als ihre Mutter und ich uns trennten, war das Mädchen acht Jahre alt und hat ziemlich darunter gelitten.

Natürlich hat mich dann auch die Presse auf sie angesprochen und ich wollte ihr nicht das Gefühl geben, ich würde sie in der Öffentlichkeit verleugnen. Daher habe ich damals und bis heute unsere verwandtschaftlichen Verhältnisse nur selten näher definiert.

Die letzten Jahre haben wir wieder mehr Kontakt, was mich besonders freut. Ich finde, sie ist eine tolle Frau geworden. Ihr Traum war es immer, Maskenbildnerin zu werden und den hat sie sich auch mit viel Einsatz erfüllt. Sie scheint ihren Weg gefunden zu haben.

Meine leibliche Tochter Nina ist 1999, also gerade noch im letzten Jahrtausend zur Welt gekommen. Ich habe ihr erzählt, dass ich an einem Buch schreibe, das ich ihr widmen möchte und ob sie Fragen an mich hat, die ich mit aufnehmen soll. Hier sind zwei, die sie bewegt haben: „Wie alt möchtest du werden?" und „Hast du dir wirklich eine Tochter gewünscht?"

Die zweite Frage konnte ich schnell und problemlos mit „Ja" beantworten, weil ich mir wirklich eine Tochter gewünscht habe und sie auch genau die richtige ist. Die erste Frage erinnert mich wieder an meine Baba. Sie wollte so lange wie möglich leben, damit sie auf alle Fälle noch mitbekommt, was aus mir wird: „Ich möchte erleben, dass er in die erste Klasse kommt, dass er den Mittelschulabschluss macht, dass er eine Berufsausbildung hat, eine Frau kennenlernt, dass ich sein Enkelkind sehe ..." Leider konnte ich Baba bis zu ihrem Tod, sie ist mit dieser Häppchen-Methode immerhin 95 geworden, nicht alle Wünsche erfüllen, aber so wie sie werde auch ich es vermutlich bei meiner Tochter Nina halten, das heißt, ich werde sicher immer weitere, neue Abschnitte ihres Lebens miterleben wollen.

Für mich ist diese Frage also nur in diesem Zusammenhang relevant. Ich selbst mache mir zu meinem Tod keine besonderen Gedanken. Ich denke eher darüber nach, wie gut oder richtig ich im Moment lebe, im Hier und Jetzt, d.h., ich lebe immer von einem Projekt zum nächsten und von einer Jahreszeit in die nächste. Und da ich als Freiberufler tätig bin, sind zwei bis drei Jahre das Maximum an realistisch vorausplanbarer Zeit. Und da der Beruf einen Großteil meines Lebens ausmacht, wirkt sich das auch auf mein Privatleben aus.

Manchmal ist es für Nina nicht leicht, mit meiner Popularität umzugehen. Ich habe sie öfter zu Anlässen mitgenommen, bei denen auch die Presse anwesend war, also auch Fotos gemacht wurden. Es sollten nicht zu viele Fotos werden, schon aus Sicherheitsgründen, aber ich wollte sie auch nicht ganz raushalten aus dem Event-Rummel. Dieser Bereich gehört ja auch zu meinem Leben, also auch zu ihrem. Wenn wir zu dritt unterwegs sind, also mit Katrin, und die Leute mich erkennen und ansprechen, werden die beiden meistens ignoriert. Darüber scherzt Nina manchmal. Wenn Leute nur winken und weitergehen, sagt sie: „Glück, gehabt, Papa. Jetzt musst du nicht so viel reden." Damit meint sie natürlich auch, dass sie und Katrin Glück gehabt haben, weil sie nicht blöd rumstehen und warten müssen, bis ich mich losgeeist habe.

Ich habe Nina von klein auf zu meinen Rock-Konzerten und später in die „Männer"-Vorstellungen an den Münchener Kammerspielen mitgenommen. Die Lieder kann sie mittlerweile auswendig und ich bemerke, dass sie im Laufe der Jahre ein Interesse in diese Richtung entwickelt hat. Sie ist in einer Theatergruppe, hatte Klavierunterricht, singt und entwickelt, wie ich finde, ein gutes Melodie- und Rhythmusgefühl. Ich selbst, der ich diesen Beruf auch von seinen unangenehmen Seiten her kenne, bin nicht besonders erpicht darauf, dass sie in meine Fußstapfen tritt, aber wenn es so kommt, dann kommt es so. Wenn es in einem schlummert, bricht es sich Bahn.

Besonders glücklich war ich darüber, dass Nina noch ihren Opa Milan kennengelernt hat. Leider sind alle Frauen aus meiner Familie, die sich sehnlichst ein Enkelkind gewünscht haben, über diesem Wunsch verstorben. In seinen letzten Lebensjahren, als mein Vater schon dement war, sind Nina und ich mit Sterilisator und Fläschchen in Zagreb angereist und ich hatte sozusagen zwei Kinder zu betreuen. Bei einem dieser Besuche hat Nina ihn besonders zärtlich behandelt, sie war dreieinhalb Jahre alt, nahm seine Hand und flüsterte mir zu: „Der Opa hat ja ganz kalte Finger. Ich wärm' sie ihm". Das hat er trotz seiner Demenz mitbekommen und ist, wie man in Kroatien sagt, „weggeschmolzen".

Die unangenehmste Seite meines Berufes möchte ich nicht unerwähnt lassen:
Unerbittlich zeigte er sich gleich zu Beginn meiner Theaterlaufbahn im Jahre 1978. Mein Adoptivvater Fritz Nemec starb an einem Herzinfarkt. Ich konnte, da ich abends Vorstellung und tagsüber Proben in Köln hatte, nicht zu seiner Beerdigung nach Freilassing kommen. Er war der Erste aus

der Familie, den ich ohne mich richtig verabschiedet zu haben, gehen lassen musste.

1990, nach Babas 95. Geburtstag, an dem sie noch geistig topfit war, und der mit vielen Freunden groß gefeiert wurde, kam eine galoppierende Demenz über sie. Und ein paar Monate später, sie konnte trotz Betreuung nicht mehr in ihrem Haus bleiben, fuhr ich sie persönlich in die Geriatrie nach Wasserburg am Inn. Während der Fahrt sprach sie mit mir, als sei ich ihr verstorbener Mann Fritz. Für mich war es ein furchtbarer Abschied. Denn am nächsten Tag musste ich zu Dreharbeiten nach Amerika fliegen.

Trotz dieser Demenz hatte sie klare Momente und in der geschlossenen Abteilung in Wasserburg sehe ich sie im Flur stehen und zu mir sagen: „Du gehst jetzt und ich weiß, wir werden uns nicht mehr wieder sehen. Ich werde hier sterben." Auf der Heimfahrt nach München konnte ich nicht mehr aufhören zu weinen. Als ich ein paar Wochen später zurückkam und in die Klinik fuhr, war sie nicht mehr bei Bewusstsein. In der darauffolgenden Nacht ist sie gestorben. Auch ihre Beerdigung fand ohne mich statt. Ich musste weiter zu Dreharbeiten nach Italien.

Drei Jahre später, im Sommer 1993, kam meine Mutter ins Krankenhaus – Verdacht auf Lungenentzündung. Ich konnte nicht sofort zu ihr, weil ich in Wunsiedel den „Amphitryon" probte. Drei Monate später stellte sich heraus, dass sie Lungenkrebs hat. Zu diesem Zeitpunkt drehte ich einen Tatort in München und gleichzeitig eine TV-Serie in Köln. Ich buchte mir an einem freien Wochenende einen Flug von Köln nach Zagreb, um bei ihr sein zu können, aber zwei Tage vor dem Abflug rief mein Cousin Branko mich an, er ist Arzt in der

242

Klinik, in der sie behandelt wurde, und drängte mich: „Du musst am Freitag, also einen Tag früher kommen, sonst erlebst du sie nicht mehr!"

Ihr Zustand hatte sich dramatisch verschlechtert. Die Produktion versuchte alles, um den Freitagnachmittag freizuschaufeln und mich fliegen zu lassen. Bei Eis und Schnee kam ich in Zagreb an, es war November. Vor lauter Hektik und Aufregung hatte ich irgendwo mein Rückflugticket für die letzte Maschine am Sonntag verloren. Montag um sechs Uhr früh musste ich in München sein. Die Dreharbeiten zum Tatort „Klassenkampf" gingen weiter. Es zog sich hin, bis in Zagreb der neue Flugschein ausgestellt war und ich zur Bushaltestelle eilen konnte. Der Bus in die City war weg. Also blieb ich einfach dort stehen und wartete auf den nächsten. Zum Glück riss mich die Kälte aus dieser Lethargie und ich ärgerte mich darüber, dass ich da blöd herumstand und kostbare Zeit vergeudete. Es war eine tief verwurzelte Regel aus meiner Kindheit, die mich dazu verleitete: „Keine Telefonanrufe ins Ausland! Kein Taxi! Zu teuer!" Aber diese Zeiten waren ja vorbei. Also rannte ich zum Taxistand und ließ mich auf dem schnellsten Weg ins Krankenhaus fahren.
Mama lag im Koma. Ich hatte das Gefühl, dass sie mich noch wahrnahm, als hätte sie noch bis zum letzten Moment auf mich gewartet. Am nächsten Morgen wurde uns telefonisch mitgeteilt, dass sie in dieser Nacht gestorben sei.

Ihr Tod zog Papa und mir den Boden unter den Füßen weg. Wir standen umarmt in der Zagreber Küche, wo alles an sie erinnerte, und weinten. Und dieser Moment verstärkte unser Zusammengehörigkeitsgefühl und blieb uns für den Rest seiner Lebenszeit. So hatte ihr Tod noch ein Geschenk für uns übrig.

Auch zu ihrer Beerdigung konnte ich nicht kommen.
Bei meinen Lieblingstanten Mila und Nevenka war es nicht anders. Sie wurden begraben, und ich konnte nicht anwesend sein.

Zehn Jahre nach Mamas Tod, im April 2003, zwei Tage vor seinem 84. Geburtstag, starb auch mein Vater. Bevor ich zu Dreharbeiten nach Hongkong flog, hatte ich in Zagreb alles so weit organisiert, dass er in einem Altersheim untergebracht werden konnte. Seine Demenz war stark fortgeschritten. Ich wollte ihn versorgt wissen, bevor ich für ein paar Wochen weg musste. Die Nachricht von seinem Tod ereilte mich in Asien und mein Cousin Branko teilte mir telefonisch mit: „Er ist einfach eingeschlafen". Aus Angst, meinen beruflichen Zwängen wieder nicht zu entkommen, war ich so verzweifelt und angefressen, dass ich den nächsten Flug nach Zagreb gebucht habe, um mich bei seiner Beerdigung mit dem Rest meiner Familie von ihm verabschieden zu können.

Die Monate vor seinem Tod hat er oft Selbstgespräche geführt. „Papa", sagte ich, „du redest ja ständig mit dir selbst." Seine umwerfende Antwort: „Ja, ich unterhalte mich gerne mit einem vernünftigen Menschen." Als er einmal nicht mehr nach Hause fand, wurde er von der Polizei aufgegriffen. Papa konnte sich allerdings nur noch an die Adresse seiner verstorbenen Mutter erinnern, in deren Wohnung mittlerweile mein Cousin Branko mit Familie lebte. „Der Herr wusste nicht mehr, wo er wohnt", sagten die Polizisten in ihrer dienstlichen Art, nachdem sie ihn bei meinem Cousin abgeliefert hatten. Darauf mein Vater: „Ja, und? Sie wussten ja auch nicht, wo ich wohne." Trotz der Demenz blieb er das liebenswürdige Original.

Obwohl mich der Gedanke an den Tod nicht sonderlich beschäftigt, ist mir die Endlichkeit des Seins seit Kindertagen gegenwärtig. Der Glaube an Gott und ans Jenseits allerdings war mir nie gegeben. Schon von klein auf empfand ich Jesus und seine Wundertaten als erfundene Geschichten, wie Märchen. Mir war klar, dass der Mensch sie braucht, um dem Dasein einen tieferen Sinn zu geben. Aber ich versuchte, mir vorzustellen, wie wir leben, denken und uns verhalten würden, wenn wir nicht durch den Tod begrenzt wären.

In gewisser Weise beneide ich Menschen, die glauben können. Meine Baba gehörte zu ihnen. Und das habe ich bei ihr immer als wertvoll empfunden. Es war echt. Zu Hause in der Küche in Freilassing und Opatija hat sie regelmäßig den Rosenkranz gebetet und auf dem Tisch stand ein Glas Wasser, auf dem Öl schwamm. Darauf setzte sie kleine Kerzen. „Lumini" nannte sie die Lichter. Lichter für die Toten.

Das empfinde ich heute noch als eine schöne, wertvolle Tradition. Und wenn ich in eine Kirche komme, zünde ich Kerzen an. Für Mama, Papa, die Tanten Mila und Nevenka, meine kroatischen Verstorbenen und für Baba, Vinka und Fritz, meine deutsche Familie.

Inhalt

Vorwort 7

1. Kapitel
Meine frühe Kindheit 9

2. Kapitel
Mein Vater 17

3. Kapitel
Meine Mutter 25

4. Kapitel
Meine Tanten Mila und Nevenka...........................33

5. Kapitel
Das tägliche Leben 39

6. Kapitel
Ferien in Punat 47

7. Kapitel
Meine zweite Heimat...53

8. Kapitel
Die erste Schulzeit...59

9. Kapitel
Zerrissen 68

10. Kapitel
Die zweite Schulzeit...87
Die Rockmusik und die jungen Damen 91

11. Kapitel
Das Mozarteum 106

12. Kapitel
Von Strkanec zu Nemec......................................115

13. Kapitel
Die entscheidende Wende...................................125

14. Kapitel
Erste Bühnenjahre 139

15. Kapitel
Köln, und ein Dachdecker aus Essen 147

16. Kapitel
München und das „Resi" 162

17. Kapitel
Freiheit ist, wenn man gehen darf 173

18. Kapitel
Das Fernsehen 182

19. Kapitel
Berufskrankheiten oder die „professionelle Deformation"...191

20. Kapitel
Mein Freund Erich...199

21. Kapitel
Tatort..207

22. Kapitel
Liederabende und Lesungen 215

23. Kapitel
Der Krieg...223

24. Kapitel
„Hand in Hand"...226

25. Kapitel
Die Miro Nemec Band 231
Back to the roots 234

Epilog 237